सूचना का अधिकार अधिनियम

AF658900

राजेन्द्र पाण्डेय

डायमंड बुक्स

प्रकाशक : डायमंड पॉकेट बुक्स (प्रा.) लि.
X-30 ओखला इंडस्ट्रियल एरिया, फेज-II
नई दिल्ली-110020
फोन : 011-40712200
ई-मेल : sales@dpb.in
वेबसाइट : www.diamondbook.in
मुद्रक : रेप्रो (इंडिया)

SUCHANA KA ADHIKAR ADHINIUM

RAJENDAR PANDEY

प्राक्कथन

सरकार को जनता बनाती है और सरकार जनता द्वारा दिए गए कर से चलती है। सरकार से जनता का बहुत ही करीबी रिश्ता है। झुग्गी-झोपड़ी में रहने वाला व्यक्ति भी छोटी-से-छोटी चीज खरीदते समय बिक्री कर तथा उत्पाद कर अदा करता है। यह अलग बात है कि उसे इसका ज्ञान नहीं होता। सरकारी महकमों जैसे अस्पताल, स्कूल, कॉलेज, एजेंसियों आदि से प्रत्येक व्यक्ति का रिश्ता है। आये दिन किसी-न-किसी कार्य के लिए हर व्यक्ति को सरकारी दफ्तरों में जाना ही पड़ता है। ऐसे में उसे अपने अधिकारों का ज्ञान हो तो कार्य जल्दी भी हो सकता है और उसे कार्य को करने में आसानी भी हो सकती है।

बहुत से ऐसे कार्य हैं, जिन्हें सभी जानना चाहते हैं। एक राशनकार्ड कितने दिनों में बनता है तथा फलां आदमी का राशन कार्ड बनने में इतना अधिक समय क्यों लगा? हमारे गांव में कितने हैंडपम्प लगाये जाने थे और कितने लगाये गए हैं? क्या दुकानदार फूड कार्डधारियों को चावल, गेंहू, चीनी आदि निर्धारित दामों पर दे रहा है? हमारे टाउन या कस्बे के अस्पतालों के लिए स्वास्थ्य विभाग कितनी दवाइयां खरीदता है और रोगियों को क्या दवाइयां दी जा रही हैं या अस्पताल के कर्मचारी सब दवाइयां बेच खाते हैं? आदि सब इसी तरह के ढेर सारे सवाल हैं, जिनके जवाब सभी लोग जानना चाहते हैं, पर संबंधित विभागों से लिखित या मौखिक रूप से पूछ नहीं पाते हैं। उनके क्या अधिकार हैं और क्या अधिकार नहीं हैं; इसकी जानकारी होने के बाद ही वे संबंधित विभागों से सवाल-जवाब कर सकते हैं।

सूचना का अधिकार कानून जनता के ऐसे ही सवालों का जवाब है। वह बताता है कि एक आम आदमी का क्या अधिकार है।

सूचना का अधिकार एक मौलिक अधिकार है। सभी विकासशील राष्ट्रों में सूचना का अधिकार जनता को दिया गया है और भारत में भी यह अधिकार जनता को दिया गया है ताकि आम जनता सरकारी कामकाजों की गहराई तक

इलेक्ट्रॉनिक रीति में या प्रिंट आउट के माध्यम से सूचना को, जहां ऐसी सूचना किसी कंप्यूटर या किसी अन्य युक्ति में भंडारित है, प्राप्त करना।

सूचना के तहत आने वाली सामग्री

कागजात, नमूने, संविदाएं, रिपोर्ट, आदेश, लॉगबुक, परिपत्र, प्रेस विज्ञप्ति, सलाह, मॉडल, ज्ञान, ई-मेल, अभिलेख, दस्तावेज, इलेक्ट्रानिक तरीके से स्टोर की गई किसी भी तरह की जानकारी।

सूचना धारा - 2 (च) में परिभाषित है, जो इस प्रकार है

2. (च) 'सूचना' से किसी इलेक्ट्रॉनिक रूप में धारित अभिलेख, दस्तावेज, ज्ञापन, ई-मेल, मत, सलाह, प्रेस विज्ञप्ति, परिपत्र, आदेश, लॉबुक, संविदा, रिपोर्ट, कागज-पत्र, नमूने, मॉडल, आंकड़ों संबंधी सामग्री और किसी प्राइवेट निकाय से संबंधित ऐसी सूचना सहित, जिस तक तत्समय प्रवृत्त किसी अन्य विधि के अधीन किसी लोक प्राधिकारी की पहुंच हो सकती है, किसी रूप में कोई सामग्री अभिप्रेत है।

इसमें वे सब बातें हैं, जिनमें सरकारी संस्थानों द्वारा जानकारियां रखी जाती है। कहने का अर्थ है कि सभी तरह की जानकारी का रूप इसमें सम्मिलित है। इसमें किसी निजी संस्थान की ऐसी जानकारी भी सम्मिलित है, जो किसी कारणवश किसी लोक प्राधिकारी के पास में हो। कहने का आशय है कि जनता निजी संस्थानों संबंधी ऐसी जानकारियां मांग सकती है, जो किसी लोक प्राधिकारी के कब्जे में है।

अभिलेख

आज के आधुनिक दौर में सरकारी दफ्तरों में सूचनाएं यानी जानकारियां कम्प्यूटर, सीडी, माइक्रो-फिल्म, टेप, डी.वी.डी., आदि में रखी जाने लगी है, लोगों को इस बात का ज्ञान होना चाहिए। 'अभिलेख' शब्द के तहत उपरोक्त सारी चीजें आ जाती हैं।

अभिलेख धारा 2 (झ)

2 (झ) 'अभिलेख' में निम्नलिखित सम्मिलित हैं -

(क) कोई दस्तावेज, पांडुलिपि और फाइल।

(ख) किसी दस्तावेज की कोई माइक्रो फिल्म, माइक्रोफिशे या प्रतिकृति प्रति।

(ग) ऐसी माइक्रो फिल्म में सन्निविष्ट प्रतिबिंब या प्रतिबिंबों का पुनरुत्पादन (चाहे वार्हीत रूप में हो या न हो।

(घ) किसी कंप्यूटर या किसी अन्य युक्ति द्वारा उत्पादित कोई अन्य सामग्री।

आम व्यक्ति लोक प्राधिकारियों के पास जितने भी अभिलेख हैं, इस कानून के अंतर्गत प्राप्त कर सकते हैं। किंतु आम व्यक्ति को इस बात का बोध होना चाहिए कि किसी भी अधिकारी की व्यक्तिगत राय अभिलेख है जिसमें आम व्यक्ति यह नहीं कह सकता या पूछ सकता कि किसी विषय में क्या होना चाहिए।

लोक प्राधिकारी

लोक प्राधिकारी को पब्लिक अथॉरिटी भी कहा जाता है। एक आम आदमी किससे जानकारी या सूचना ले सकता है, यह जानना आवश्यक है। निकायों और सरकारी निकायों से संबंधित जानकारियों और अभिलेखों का संरक्षक लोक प्राधिकारी होता है। सभी सरकारी विभाग इस कानून के अंतर्गत आते हैं। चाहे वे संसद या किसी राज्य विधान मंडल द्वारा बनाए गए कानून के तहत जारी किए गए आधिसूचना के अधीन ही काम क्यों न करते हों।

धारा 2(ज) में लोक प्राधिकारी की परिभाषा :

2(ज) लोक प्राधिकारी से तात्पर्य किसी ऐसे प्राधिकारी या निकाय या स्व-शासित संस्था से है, जिसकी स्थापना या गठन –

(क) संविधान द्वारा या उसके अधीन ;

(ख) संसद द्वारा बनाई गई किसी अन्य विधि द्वारा;

(ग) राज्य विधानमंडल द्वारा बनाई गई किसी अन्य विधि द्वारा

(घ) समुचित सरकार द्वारा जारी की गई अधिसूचना या किए गए आदेश द्वारा स्थापित या गठित कोई प्राधिकारी या निकाय या स्वायत्त सरकारी संस्था अभिप्रेत है और इसके अंतर्गत –

(1) कोई ऐसा निकाय जो केंद्रीय सरकार के स्वामित्वाधीन, नियंत्रणाधीन या उसके द्वारा प्रत्यक्ष या अप्रत्यक्ष रूप से उपलब्ध कराई गई निधियों द्वारा वित्त-पोषित है;

(2) कोई ऐसा गैर-सरकारी संगठन जो समुचित सरकार द्वारा प्रत्यक्ष या अप्रत्यक्ष रूप से उपलब्ध कराई गई निधियों द्वारा वित्त-पोषित है।

सभी सरकारी संस्थान, दफ्तर, संगठन, स्थानीय निकाय, उपक्रम, बोर्ड, आयोग, निगम, अस्पताल, जिला परिषद, विश्वविद्यालय, पंचायतें आदि इसके अधिकार क्षेत्र में आते है। अदालतें, विधानसभाएं, संसद, विधानपरिषद भी इसके अन्तर्गत आती हैं। केन्द्र या राज्य सरकारों के नियंत्रण में चलने वाली संस्थाएं भी इस कानून के तहत आती है।

ई.एस.सी एक लोक प्राधिकारी है, जिससे सूचना का अधिकार कानून के प्रावधान ई.एस.सी. पर लागू होते हैं। इसी तरह से बिजली वितरण कंपनियां (डिस्कॉम्स) भी लोक प्राधिकारी हैं।

सूचना कौन मांग सकता है

भारत का कोई भी नागरिक इस कानून के तहत किसी भी सरकारी विभाग या संस्था से उसके अभिलेखों तथा कार्य प्रणाली का निरीक्षण करने की मांग कर सकता है। यह कानून किसी के भी साथ भेदभाव नहीं करता। धारा – 3 में साफ–साफ कहा गया है कि इस अधिनियम के उपबंधों के अधीन रहते हुए सभी नागरिकों को सूचना का अधिकार होगा।

इसका मतलब यह हुआ कि देश का हर नागरिक इस अधिनियम के अंतर्गत सूचना या जानकारी मांग सकता है।

यह भी जानने वाली बात है कि भारत का कोई व्यक्ति किसी सोसाइटी या संस्था का पदाधिकारी है और वह किसी सरकारी विभाग से कोई सूचना मांगता है तो वह विभाग उसे सूचना नहीं दे सकता है क्योंकि आवेदक किसी कंपनी या संस्था का पदाधिकारी होने की सूरत में सूचना मांगने का अधिकार नहीं रखता है। इसके लिए भारत का एक आम नागरिक होना आवश्यक है। सूचना या जानकारी की मांग करते समय उसका मकसद क्या है यह बताना जरूरी नहीं है। लोक प्राधिकारी नागरिक को जानकारी देने के लिए बाध्य हैं। उसे तीस या चालीस दिनों में जानकारी देनी ही है।

नागरिक सरकारी दफ्तर की फाइलों और दस्तावेजों की जांच कर सकता है और इनकी नकल भी ले सकता है। नागरिकों को फाइलों में दी गई टिप्पणियों की नकल भी मांगने का अधिकार है। नागरिक जानना चाहते हैं कि क्या वे उपयोग की जा रही सामग्री की जांच की मांग कर सकते हैं तथा उसका नमूना ले सकते है? तो वे यह जान लें, उन्हें इसका अधिकार है। वे सामग्री का नमूना भी ले सकते हैं और निर्माण में प्रयोग की जाने वाली सामग्री की जांच भी कर सकते हैं।

2

उद्देश्य

हर कानून को पारित करने के पीछे कोई-न-कोई ठोस कारण होता है और उद्देश्य भी होता है। सूचना के अधिकार कानून को लेकर सरकार के क्या उद्देश्य हैं आइए जानें...

- देश की जनता को सरकार के प्रत्येक विभाग से पूर्णत: रू-ब-रू कराना।
- सरकारी विभागों में एक तरह से कैद सूचनाओं को जनता तक आसानी से पहुंचाने के लिए सूचना के अधिकार के सकारात्मक पहलू का कार्य-रूप बनाना।
- भ्रष्टाचार को रोकना, सरकारों और उनके कार्य क्षेत्रों के अधिकारियों/कर्मचारियों को जनता के प्रति जिम्मेदार बनाना।
- हर सार्वजनिक प्राधिकरण के कार्य में ईमानदारी तथा जिम्मेदारी को महत्व देना।
- केन्द्रीय सूचना आयोग तथा राज्य सूचना आयोगों को गठित करना।
- सूचना के आदान-प्रदान में पूर्ण ईमानदारी लाना।
- सरकारों को सही ढंग से चलाने, कम धन का अच्छी तरह से इस्तेमाल करने और आवश्यक सूचनाओं की गोपनीयता बनाए रखने के साथ-साथ आपस के विरोधों में तालमेल पैदा करना।

कुछ अन्य महत्त्वपूर्ण बातें :-

- सूचना का अधिकार कानून पूरे भारत में है, केवल जम्मू और कश्मीर

के लिए यह नहीं है। पंचायत, संसद तथा अन्य हर तरह की संस्थाएं भी इस कानून के अंतर्गत आती है।

- इस कानून को पारित करने का मकसद सरकारी विभागों के कार्यों में ईमानदारी, बेहतरीन कार्यक्षमता तथा खुलापन लाना है। सभी सरकारी विभाग, संस्थाएं, संस्थान, बोर्ड, बैंक, कंपनियों, सुप्रीम कोर्ट, संसद, राज्य विधानसभाओं आदि सार्वजनिक प्राधिकरणों से सूचनाएं प्राप्त करने का अधिकार जनता को देना इस कानून का मकसद है।
- इस कानून में कुछ विभागों की कुछ जानकारियों को न बताने की भी व्यवस्था है। देश की अखंडता और हितों से संबंधित, संसद, राज्य विधानमंडलों के विशेष अधिकार, दूसरे राष्ट्रों से मिली गोपनीय जानकारियां या इसी तरह की जानकारियां रोक लेने की व्यवस्था है। लेकिन सूचना रोके जाने का कारण आवेदक को बताना पड़ता है।
- इस कानून के अंतर्गत गैर-सरकारी संस्थाएं भी शामिल हैं।
- जो लोग गरीब हैं, वे अगर आवेदन करते हैं तो उन्हें कोई शुल्क देने की जरूरत नहीं है। हां, जो गरीबी रेखा से ऊपर हैं, उन्हें आवेदन के लिए मामूली सा शुल्क अदा करना होता है।
- नागरिकों की सुविधा के लिए केंद्रीय/राज्य सहायक सूचना अधिकारी के मनोनयन की व्यवस्था है, जो उप जिला या उपमंडलीय दफ्तरों में मौजूद होते हैं। इससे आवेदक को आवेदन पत्र जमा करने के लिए भागदौड़ नहीं करनी पड़ती है।
- आवेदकों से सूचना लेने का कारण संबंधित अधिकारी नहीं पूछ सकते और न यह कह सकते हैं कि यह आपके अधिकार में नहीं आता। आवेदक को सूचना एक निर्धारित अवधि में ही देने का प्रावधान है। निर्धारित अवधि में सूचना न मिलने पर आवेदक अपीलेट अथॉरिटी में शिकायत कर सकता है।
- आवेदक रिकॉर्ड्स, ज्ञापन, डॉक्यूमेंट्स, ई-मेल, सुझाव, प्रेस रिलीज, सरक्यूलर्स, ऑर्डर, लॉग बुक्स, कांट्रेक्ट्स, रिपोर्ट्स, नमूने, मॉडल्स, डाटा मैटीरियल, कागजात तथा निजी संस्थानों से जुड़ी जानकारी, जो किन्हीं कारणवश किसी सरकारी अधिकारी के पास हो, प्राप्त कर सकता है। इस तरह से यह कानून जनता के लिए सभी सूचनाएं प्राप्त करवाने का रास्ता खोल देता है।

- आवेदन पत्र को तैयार करने तथा उसे जमा करने में जनता की मदद करने का भी प्रावधान इस कानून में है।
- वरिष्ठ अधिकारी केंद्रीय/राज्य सार्वजनिक सूचना अधिकारी इस कानून को सही ढंग से चलाने के लिए नियुक्त किए गये हैं। वे आवेदनों की सुनवाई के लिए जिम्मेदार होते हैं और आवेदकों को जानकारी प्राप्त करवाते हैं।
- ऐसे मामलों से संबंधित सूचना 48 घंटे के भीतर देना अनिवार्य है, जो स्वतंत्रता और जिदंगी से जुड़ी हुई होती है। दूसरे मामलों के लिए सूचना देने की अवधि एक माह तक है। अगर किसी मामले में तीसरा पक्ष होता है तो समय सीमा बढ़कर 40 दिनों तक हो जाती है।
- सूचना मिलने में देरी होने पर संबंधित अधिकारी पर 250 रुपए रोजाना के हिसाब से जुर्माना लग सकता है। बार-बार भूल होने पर आवेदक उस अधिकारी पर कानूनी कार्रवाई भी कर सकता है और अधिकारी को इस बात को स्पष्ट करना होगा कि सूचना देने में इतनी देर क्यों हुई। जो समय सीमा निश्चित है, उस अवधि में अधिकारी ने सूचना उपलब्ध न करवाई तो यह माना जा सकता है कि वह सूचना देना नहीं चाहता है और ऐसे में आवेदक अपीलेट अथॉरिटी में अपील कर सकता हैं।
- जनता को इस कानून की मदद न लेनी पड़े इसके लिए वेबसाइटों और प्रकाशनों के माध्यम से भी सूचनाएं देने का प्रावधान है।
- कुछ गुप्तचर और सुरक्षा संगठनों को इस कानून के अंतर्गत नहीं रखा गया है ताकि गोपनीयता भंग न हो सके। लेकिन अगर खुद के मामले में उन पर भ्रष्टाचार का आरोप है या जनाधिकारों का उल्लंघन करने का आरोप है तो इसके लिए वे जवाबदेह हैं। इस मामलें में कोई छूट नहीं है और मांगने पर उन्हें 45 दिनों के अंदर जानकारी देनी होगी।
- इस कानून की एक यह भी विशेषता है कि यह तीसरे पक्ष द्वारा प्राप्त करवाई गई सूचना की सुरक्षा भी करता है। अगर तीसरे पक्ष द्वारा प्राप्त की गई सूचना गोपनीय होती है तो आवेदक को तभी बताने का प्रावधान है, जब तीसरा पक्ष राय व्यक्त कर चुका हो।
- 'मुख्य सूचना आयुक्त' केन्द्रीय सूचना आयोग का प्रमुख होता है। उसके अधिकार मुख्य चुनाव आयुक्त के सामान हैं। चुनाव आयुक्त

के बराबर ही सूचना आयोग में दस और सदस्य नियुक्त हो सकते हैं। 'राज्य का मुख्य सूचना आयुक्त' राज्य सूचना आयोग का प्रमुख होता है। उसका अधिकार भी चुनाव आयुक्त के बराबर ही है। मुख्य चुनाव आयुक्त के अधिकार के बराबर ही इस आयोग में भी दस और सदस्यों की नियुक्ति हो सकती है।

- अगर आवेदक यह साबित कर देता है कि जानकारी प्राप्त नहीं कराए जाने के कारण उसे नुकसान हुआ है तो आयोग को यह अधिकार है कि आवेदक को हर्जाना दिला सके।
- सूचना आयोग को काफी अधिकार प्रदान किए गए हैं ताकि यह आवेदकों की अपीलों, आवेदनों, शिकायतों आदि को आसानी से निपटा सकें। सूचना आयोग संबंधित अधिकारी या कर्मचारी को आने के लिए मजबूर कर सकता है, मौखिक या लिखित गवाही देने के लिए कह सकता है, कोर्ट या ऑफिस से कागजात या कॉपियां मंगवा सकता है।
- केन्द्र में केंद्रीय सूचना आयोग और राज्यों में राज्य सूचना आयोगों के गठन की व्यवस्था यह कानून करता है।
- कानून को व्यवस्थित रूप से लागू करने के लिए शुल्क निश्चित करने अथवा दूसरे किसी विषय पर नियम बनाने का अधिकार यह कानून केंद्रीय और राज्य सरकारों तथा सहयोगी अधिकारियों को देता है। दूसरे अधिनियमों में इस कानून के नियमों को महत्व देने से यह और भी अधिक कारगर तथा मजबूत बन गया है।
- कहने का अर्थ है कि जो भी जानकारियां विधानसभा या लोकसभा को दी जा सकती हैं, वे जानकारियां आम जनता भी इस कानून के जरिए प्राप्त कर सकती हैं। इस कानून ने देश के एक आम आदमी को विधानसभा या लोकसभा के बराबर बना दिया है। जो ऑफिसर आम आदमी को सजा देते थे आज वे ही इस कानून के कारण स्वयं को संदेह के कटघरे में देख रहे हैं और जुर्माने का डर काले साये की तरह उनके सिर पर मंडरा रहा है। कहा जा सकता है कि यह कानून वास्तव में ही आम जानता के लिए अमृत तुल्य है।

3

सूचना के रूप

सूचना के विविध रूप हैं और अर्थ भी अलग-अलग हैं। सूचना का भावार्थ इस अधिनियम की दृष्टि में क्या है, इसकी सही-सही जानकारी होनी चाहिए। लोक प्राधिकारी के नियंत्रण में किसी भी रूप में जो सामग्री तैयार हुई और उसका इस्तेमाल हुआ तथा वह अब उसकी देखरेख में रखी गई है, वह सूचना है।

देखिए यह धारा

धारा 2 (च) : 'सूचना' से किसी इलेक्ट्रॉनिक रूप में धारित, अभिलेख, दस्तावेज, ज्ञापन, ई-मेल, मत, सलाह, प्रेस विज्ञप्ति, परिपत्र, आदेश, लॉगबुक, संविदा, रिपोर्ट, कागज-पत्र, नमूने, मॉडल, आंकड़ों संबंधी सामग्री और किसी निजी निकाय से संबंधित ऐसी सूचना सहित, जिस तक तत्समय प्रवृत्त किसी अन्य विधि के अधीन किसी लोक प्राधिकारी की पहुंच हो सकती है, किसी रूप में कोई सामग्री अभिप्रेत है।

सूचना के रूप

इस तकनीकी युग में सूचना के विविध तरीके हैं। ज्ञापन, ई-मेल, दस्तावेज, सलाह, प्रेस विज्ञप्ति, परिपत्र, आदेश, लॉग बुक, कागज-पत्र, मॉडल, इलेक्ट्रानिक रूप में रखी आंकड़ों संबंधी सामग्री आदि कई रूपों में सूचना हो सकती है। धारा 2 (च) में सूचना के विधि रूपों का विधिवत उल्लेख किया गया है।

निजी संस्थानों संबंधी कोई जानकारी, जो लोक प्राधिकारी को उपलब्ध हो, वह भी इसके अंतर्गत ही आएगी। इसकी नागरिक मांग कर सकते हैं।

सूचना का स्वरूप

- केन्द्रीय सूचना आयोग ने कहा है- सूचना नागरिकों को उसी रूप में मिलेगी, जिस रूप में वह उपलब्ध है। नागरिकों के कहे अनुसार सूचना देने के लिए संगठन बाध्य नहीं है।
- लोक प्राधिकारी के पास सूचना इलेक्ट्रॉनिक रूप में है तो आवेदन करने वाले को सूचना इलेक्ट्रॉनिक रूप में ही मिलेगी। अगर सूचना इलेक्ट्रॉनिक रूप में नहीं है तो नागरिक के लिए इलेक्ट्रानिक रूप में सूचना प्राधिकारी तैयार नहीं करवाएगा। ऐसा केंद्रीय सूचना आयोग का आदेश है। इलेक्ट्रॉनिक रूप में अगर सूचना उपलब्ध हो तो आवेदक 50 रुपए प्रति फ्लॉपी शुल्क जमा कर सूचना प्राप्त कर सकता है।
- अगर कोई भी निजी निकाय लागू किसी दूसरे कानून के अंतर्गत किसी लोक प्राधिकारी की पहुंच में है तो नागरिक उस निजी निकाय से संबंधित जानकारी या सूचना के लिए अधिकारियों से आग्रह कर सकता है कि अधिकारी उस निजी निकाय से सूचना प्राप्त कर सूचना का अधिकार अधिनयम के अंतर्गत उसे वह सूचना या जानकारी मुहैया कराए। कहने का अर्थ है कि आम नागरिक संबंधित अधिकारी से जानकारी हासिल करने का अधिकार रखता है। वह सीधे तौर पर किसी निजी निकाय यानी प्राइवेट स्कूल या रेस्तरां आदि से सूचना प्राप्त नहीं कर सकता।

इन्हें भी जानें

- आम नागरिक भविष्य में उठाए जाने वाले कदमों को सूचना के रूप में नहीं प्राप्त कर सकते हैं क्योंकि भविष्य में होने वाली कार्रवाई प्रमाणिक रूप से उपलब्ध नहीं होती है।
- नागरिक की मांग पूरी करने के लिए लोक सूचना अधिकारी अन्य व्यक्तियों से जानकारी यानी सूचना प्राप्त कर नागरिकों को नहीं दे सकता है। लोक प्राधिकारी सिर्फ वही जानकारी देने के लिए मजबूर है, जो उसके नियत्रंण में है।
- केंद्रीय सूचना आयोग के अनुसार जहां दूसरे कानून प्रभावी होते हैं, वहां नागरिकों को सूचना का अधिकार अधिनियम के अन्तर्गत प्रमाणित प्रतियां हासिल करने का हक नहीं है। नागरिकों को इस बात का विशेष रूप से ध्यान रखना चाहिए।

4

अधिनियम के तहत आने वाले संगठन

- सुप्रीम कोर्ट, हाईकोर्ट, निचली अदालत, संसद, सरकारी संगठन या सरकार से वित्तीय सहायता प्राप्त निकायों आदि से भारतीय नागरिक सूचना, दस्तावेजों तथा अभिलेखों की प्रतियां लेने या उनकी जांच करने का अधिकार रखते हैं। वे गैर सरकारी संगठन भी शामिल हैं, जो किसी भी तरह से सरकार से वित्तीय सहायता प्राप्त करते हैं। लोक प्राधिकारी के रूप में सम्मिलित संगठन हैं प्रधानमंत्री कार्यालय, सी.बी.आई, केंद्रीय सतर्कता आयोग, लोक सेवा आयोग, लेखा परीक्षा कार्यालय, विश्व विद्यालय, कॉलेज, शैक्षिक संस्थाएं, सरकारी मंत्रालय विभाग, राष्ट्रीय तथा राज्य आयोग, स्थानीय तथा स्वायत्त निकाय, सार्वजनिक उपक्रम, सरकारी कंपनियां, बैंक, नगर पालिकाएं, निगम, पंचायतें, आदि।
- थल सेना, वायु सेना, नौ सेना और इंटेलिजेंस ब्यूरो भी इसके अंतर्गत आते हैं, अगर नागरिकों ने भ्रष्टाचार या जनाधिकार उल्लंघन संबंधी सूचना की मांग की हो।

देखिए धारा 2 (ज)

2(ज) : 'लोक प्राधिकारी' से तात्पर्य ऐसे प्राधिकारी या निकाय या स्व-शासित संस्था से है, जिसकी स्थापना या गठन -

(क) संविधान द्वारा या उसके अधीन;

(ख) संसद् द्वारा बनाई गई किसी अन्य विधि द्वारा;

(ग) राज्य विधानमंडल द्वारा बनाई गई किसी अन्य विधि द्वारा हुआ हो;

(घ) समुचित सरकार द्वारा जारी की गई अधिसूचना या किए गए आदेश द्वारा स्थापित या गठित कोई प्राधिकारी या निकाय या स्वायत्त सरकारी संस्था अभिप्रेत है। और इसके अंतर्गत -

(1) कोई ऐसा निकाय, जो केंद्रीय सरकार के स्वामित्वाधीन, नियंत्रणाधीन अथवा उसके द्वारा प्रत्यक्ष या अप्रत्यक्ष रूप से उपलब्ध कराई गई निधियों द्वारा वित्त-पोषित है;

(2) कोई ऐसा गैर-सरकारी संगठन है, जो समुचित सरकार द्वारा प्रत्यक्ष या अप्रत्यक्ष रूप से उपलब्ध कराई गई निधियों द्वारा वित्त-पोषित है।

सरकारी वित्तीय सहायता प्राप्त निजी संगठन

जिन संगठनों या संस्थानों को सरकारी वित्तीय सहायता प्राप्त है, इस अधिनियम के अंतर्गत आते हैं। सरकार अधिसूचना जारी कर ऐसे दूसरे संस्थानों को भी इस अधिनियम के अंतर्गत ला सकती है, जो इससे बाहर हैं। यहां तक कि एन.डी.पी.एल. और बी.एस.ई.एस. जैसी बिजली वितरण कंपनियां भी इस अधिनियम के तहत आती हैं क्योंकि इन कंपनियों की भागीदारी 51 प्रतिशत है और 49 प्रतिशत शेयर दिल्ली सरकार के पास है। कहने का अर्थ है कि सभी गैर-सरकारी संस्थान, जिन्हें वित्तीय मदद या अनुदान के तौर पर सरकार से धन मिलता है, वे इस अधिनियम के अंतर्गत आते हैं।

वे सभी गैर-सरकारी संस्थान भी जिन्हें धर्मार्थ या शैक्षिक उद्देश्यों के लिए कम दरों पर भूखंड या जनता की मदद और सेवा के नाम पर ठोस मदद दी जाती है, इस कानून के अधीन हैं।

एक्ट के दायरे से बाहर संगठन

सुरक्षा एजेंसियों तथा गुप्तचर विभागों को इस अधिनियम के तहत नहीं रखा गया है लेकिन अगर उन पर भ्रष्टाचार का आरोप है या मानव अधिकारों के अतिक्रमण का आरोप है तब ऐसे में सूचना देना अनिवार्य है।

धारा 24 (1) : इस अधिनियम में अंतर्विष्ट कोई बात, केंद्रीय सरकार द्वारा स्थापित आम सूचना और सुरक्षा संगठनों पर जो दूसरी अनुसूची में विनिर्दिष्ट है या ऐसे संगठनों द्वारा उस सरकार को दी गई किसी सूचना पर लागू नहीं होगी :

परंतु भ्रष्टाचार और मानव अधिकारों के अतिक्रमण के अभिकथनों से संबंधित सूचना इस उपधारा के अधीन अपवर्जित नहीं की जाएगी।

लेकिन यह और यदि मांगी गई सूचना मानव अधिकारों के अतिक्रमण के अभिकथनों से संबंधित है तो सूचना केंद्रीय सूचना आयोग के अनुमाोदन के पश्चात् ही दी जाएगी और धारा 7 में किसी बात के होते हुए भी ऐसी सूचना अनुरोध की प्राप्ति के पैंतालीस दिनों के अंदर दी जाएगी।

दूसरी अनुसूची (धारा 24) आसूचना व सुरक्षा संगठनों के नाम (केंद्र सरकार द्वारा स्थापित)

- विशेष शाखा, लक्षद्वीप पुलिस
- स्पेशल प्रोटेक्शन ग्रुप (एस.पी.जी.)
- केन्द्रीय आरक्षित बल
- केन्द्रीय आर्थिक आसूचना ब्यूरो
- वित्तीय आसूचना एकक, भारत (एफ.आई.यू.)
- आसूचना ब्यूरो
- विशेष सेवा ब्यूरो
- स्वापक नियंत्रण ब्यूरो
- मंत्रिमंडल सचिवालय के अनुसंधान और विश्लेषण खंड
- असम राइफल्स
- अपराध शाखा - सी.आई.डी - सी.बी., दादर और नगर हवेली
- सीमा सड़क विकास बोर्ड (बी. आर. डी. बी.)
- राजस्व आसूचना निदेशालय
- प्रवर्तन निदेशालय
- रक्षा अनुसंधान एवं विकास संगठन (डी.आर. डी. ओ.)
- विशेष शाखा (सी.आई.डी), अंदमान और निकोबार
- राष्ट्रीय सुरक्षा गार्ड
- वैमानिक अनुसंधान केंद्र
- भारत-तिब्बत सीमा बल
- सीमा सुरक्षा बल
- केंद्रीय औद्योगिक सुरक्षा बल
- विशेष सीमांत बल

5

सूचना प्राप्त कराने का प्रावधान

नागरिकों से आवेदन लेने तथा उन्हें जानकारी प्राप्त कराने के लिए कानून में समुचित ढंग से व्यवस्था की गई है। हर लोक प्राधिकारी को यह अधिकार है या उसके लिए यह आवश्यक है कि वह इस उद्देश्य से एक अधिकारी को नियुक्त करें। लोकसूचना अधिकारी के कार्य को आसान करने के लिए सहायक लोक सूचना अधिकारी (ए.पी.आई. ओ.) भी होता है। अगर लोक प्राधिकारी केन्द्र सरकार से जुड़ा हुआ है तो उसे केन्द्रीय लोक सूचना अधिकारी (सी.पी.आई.ओ.) तथा केन्द्रीय सहायक लोक सूचना अधिकारी (सी.ए.पी. आई.ओ.) कहा जाता है। इन दोनों को ही नागरिक आवेदन दे सकते हैं। अगर नागरिक अपना आवेदन सहायक लोक सूचना अधिकारी को देते हैं तो इस आवेदन को पांच दिनों के भीतर संबंधित लोक सूचना अधिकारी को देना होता है। यह उसकी जिम्मेदारी होती है।

लोक प्राधिकारी के हर दफ्तर में एक लोक सूचना अधिकारी या सहायक लोक सूचना अधिकारी होता है ताकि आवेदकों को कोई असुविधा न हो। नागरिक अपना आवेदन पत्र किसी भी सहायक लोक सूचना अधिकारी को दे सकता है और आवेदन को संबंधित विभाग को भेजना उसकी जिम्मेदारी होती है।

केन्द्र और राज्य सरकारों से सूचना आसानी से प्राप्त हो सके और अधिनियम का पालन समुचित ढंग से हो, इन बातों को ध्यान में रखते हुए पर्याप्त संख्या में अधिकारियों की नियुक्ति कर रखी है।

ये अधिकारी हैं

- केंद्रीय या राज्य सूचना आयोग (द्वितीय अपीलेट अथॉरिटी)
- संगठन में कार्यरत अपीलेट अथॉरिटी (प्रथम अपीलेट अथॉरिटी)
- केंद्रीय या राज्य सहायक लोक सूचना अधिकारी
- केंद्रीय या राज्य लोक सूचना अधिकारी

धारा 5 :

लोक सूचना अधिकारियों को पदनामित करना:

1) प्रत्येक लोक प्राधिकारी इस अधिनियम के सौ दिनों के अंदर सभी प्रशासनिक एककों या उनके अधीन कार्यालय में यथा स्थिति केंद्रीय लोक सूचना अधिकारियों या राज्य सूचना अधिकारियों के रूप मं उतने अधिकारियों या राज्य सूचना अधिकारियों के रूप में उतने अधिकारियों को अभिहित करेगा, जितने इस अधिनियम के अधीन सूचना के लिए अनुरोध करने वाले व्यक्तियों को सूचना प्रदान करने के लिए आवश्यक हों।

लोक सूचना अधिकारी और सहायक लोक सूचना अधिकारी

लोक सूचना अधिकारी और सहायक लोक सूचना अधिकारी की नियुक्ति को लेकर कोई भेदभाव नहीं है। इनकी नियुक्ति का उद्‌देश्य बस इतना ही है कि हर उप-कार्यालय में एक सहायक लोक सूचना अधिकारी कार्यरत हो ताकि आवेदनों का निपटारा निर्धारित समय पर हो सके तथा आवेदकों को कोई दिक्कत न हो। आवेदनों की संख्या अधिक होने पर सहायक लोक सूचना अधिकारियों की संख्या बढ़ाई भी जा सकती है। ऐसा कोई नियम नहीं है कि एक कार्यालय में एक ही सहायक लोक सूचना अधिकारी होगा।

बड़े डाकघरों के अधिकांश पोस्टमास्टर भी केंद्रीय सहायक लोक सूचना अधिकारी के पद के लिए नियुक्त कर दिए गए हैं। आवेदक अपना आवेदन उनको भी दे सकते हैं। संबंधित विभाग में जाने की उन्हें कोई जरूरत नहीं है।

धारा 5(2) उपधारा (1) के उपबंधों पर प्रतिकूल प्रभाव डाले बिना प्रत्येक लोक प्राधिकारी, इस अधिनियम के अधिनियमन के सौ दिनों के अंदर किसी अधिकारी को प्रत्येक उपमंडल स्तर या अन्य उप जिला स्तर पर,

यथास्थिति, केंद्रीय सहायक लोक सूचना अधिकारी या किसी राज्य सहायक लोक सूचना अधिकारी के रूप में इस अधिनियम के अधीन सूचना के आवेदन या अपील प्राप्त करने और उसे तत्काल, यथास्थिति, केंद्रीय लोक सूचना अधिकारी या राज्य लोक सूचना अधिकारी या धारा 19 की उपधारा (1) के अधीन विनिर्दिष्ट वरिष्ठ अधिकारी या केंद्रीय सूचना आयोग या राज्य सूचना आयोग को भेजने के लिए पदनिहित करेगा :

परंतु यह कि जहां सूचना या अपील के लिए कोई आवेदन यथास्थिति, किसी केंद्रीय सहायक लोक सूचना अधिकारी या किसी राज्य सहायक लोक सचूना अधिकारी को दिया जाता है, वहां धारा 7 की उपधारा (1) के अधीन विनिर्दिष्ट उत्तर के लिए अवधि की संगणना करने में पांच दिनों की अवधि जोड़ दी जाएगी।

(3) यथास्थिति, प्रत्येक केंद्रीय लोक सूचना अधिकारी या राज्य लोक सूचना अधिकारी सूचना की मांग करने वाले व्यक्तियों के अनुरोधों पर कार्रवाई करेगा और ऐसी सूचना की मांग करने वाले व्यक्तियों को युक्तियुक्त सहायता प्रदान करेगा।

(4) यथास्थिति, केंद्रीय लोक सूचना अधिकारी या राज्य लोक सूचना अधिकारी ऐसे किसी अन्य अधिकारी की सहायता की मांग कर सकेगा, जिसे वह अपने कृत्यों के समुचित निर्वहण के लिए आवश्यक समझे।

(5) कोई अधिकारी जिसकी उपधारा (4) के अधीन सहायता चाही गई है, उसकी सहायता चाहने वाले यथास्थिति, केंद्रीय लोक सूचना अधिकारी या राज्य लोक सूचना अधिकारी को सभी सहायता प्रदान करेगा और इस अधिनियम के उपबंधों के किसी उल्लंघन के प्रयोजनों के लिए ऐसे अन्य अधिकारी को यथास्थिति, केंद्रीय लोक सूचना अधिकारी या राज्य लोक सूचना अधिकारी समझा जाएगा।

अगर कोई प्राधिकारी लोक सूचना अधिकारी या सहायक लोक सूचना अधिकारी नहीं रखता है तो इस मामले को लेकर केंद्रीय या राज्य सूचना आयोग में अपील की जा सकती है। अगर अपीलकर्ता की शिकायत जायज होगी तो आयोग संबंधित प्राधिकारी को आदेश देगा कि वह लोक सूचना अधिकारी या सहायक लोक सूचना अधिकारी की नियुक्ति करें और इसके लिए आयोग आवश्यक निर्देश भी उसे देगा।

आवेदन जमा कराएं सहायक लोक सूचना अधिकारी के पास

यह जरूरी नहीं है कि आवेदक लोक सूचना अधिकारी को ही आवेदन देंगे, वे सहायक लोक सूचना अधिकारी को भी अपना आवेदन दे सकते हैं। सहायक लोक सूचना अधिकारियों की नियुक्ति इसीलिए की गई है कि जनता को सरकारी दफ्तरों के चक्कर न लगाने पड़ें और वे बिना किसी लम्बी यात्रा या बिना किसी झंझट के सहायक लोक सूचना अधिकारी को आवेदन दे सकें।

दिल्ली में आवेदन जमा करने वाले कार्यालय

- लोक निर्माण विभाग के सभी जोनल कार्यालय।
- दिल्ली सरकार के सभी विभाग।
- सभी निर्वाचन क्षेत्रों के व सभी खाद्य और आपूर्ति अधिकारी।
- सभी स्थानीय निकाय जैसे - दिल्ली नगर निगम, नई दिल्ली नगर पालिका, कैंटोनमेंट बोर्ड और उनके विभिन्न कार्यालय।
- सभी जिला मजिस्ट्रेट एवं डिविजनल कमिश्नर।
- शिक्षा विभाग के सारे जिले।
- दिल्ली सरकार के सारे उपक्रम।
- टाउन हॉल और दिल्ली नगर निगम के बारह जोनों के सारे जोनल दफ्तर।
- दिल्ली सरकार के सभी स्वायत्त निकाय।
- दिल्ली सरकार के सारे कार्यालय।

केंद्रीय या राज्य लोक सूचना अधिकारी सारे संगठनों से आवेदनों को लेने के लिए प्रतिबंधित हैं, अगर वे आवेदन लेने से मना करते हैं और वे इसके लिए दोषी पाए जाते हैं तो उन्हें जुर्माना देना पड़ सकता है। सहायक लोक सूचना अधिकारी की यह जिम्मेदारी है कि वह आवेदन को संबंधित लोक प्राधिकारी तक भिजवाए और आवेदन कर्ता को भी इसकी सूचना दें कि उसने आवेदन भेज दिया है। देश का कोई भी नागरिक अपने कस्बे या शहर के प्रमुख डाकघर में अपना आवेदन जमा करवा सकता है।

लोक प्राधिकारी के तहत एक लोक सूचना अधिकारी दूसरे को आवेदन नहीं दे सकता। देखिए धारा 6 (3)

धारा 6 (3) : जहां कोई आवेदन किसी लोक प्राधिकारी को किसी ऐसी सूचना के लिए अनुरोध करते हुए किया जाता है –

(1) जो किसी अन्य लोक प्राधिकारी द्वारा धारित है, या

(2) जिसकी विषय-वस्तु किसी अन्य लोक प्राधिकारी के कृत्यों के अधिक निकट रूप से संबंधित है।

वहां वह लोक प्राधिकारी, जिसको ऐसा आवेदन किया जाता है, ऐसे आवेदन या उसके ऐसे भाग को, जो समुचित हो, उस अन्य लोक प्राधिकारी को अंतरित करेगा और ऐसे अंतरण के बारे में आवेदक को तुरंत सूचना देगा।

परंतु यह कि इस उपधारा के अनुसरण में किसी आवेदन का अंतरण यथासाध्य शीघ्रता से किया जाएगा, किंतु किसी भी स्थिति में आवेदन की प्राप्ति की तारीख से पांच दिनों के पश्चात् नहीं किया जाएगा।

इन्हें भी जानें

- सहायक लोक सूचना अधिकारी सूचना नहीं दे सकता। सूचना सिर्फ संबंधित लोक सूचना अधिकारी ही उपलब्ध कर सकता है।
- विभाग का अन्य अधिकारी, जिसके पास मांगी गई सूचना उपलब्ध हो, अगर जिसकी सहायता लोकसूचना अधिकारी द्वारा मांगी गई हों, वह भी सूचना देने में हुई देरी के लिए जिम्मेदार होता है। अर्थात अन्य अधिकारी, जिसकी सहायता चाही गई है, देरी के लिए जिम्मेदार होता है।
- उचित यही है कि सिर्फ लोक सूचना अधिकारी या उसके मातहत कार्यरत सहायक लोक सूचना अधिकारी ही सूचना दें। लेकिन उत्तर देने में दूसरे अधिकारी की मदद लेना नियम के खिलाफ नहीं।

6

ऐसे तैयार करें आवेदन

आवेदन करना एक कला है क्योंकि आवेदन करने का तरीका ठीक नहीं होने पर उचित सुनवाई नहीं हो पाती है उचित शिकायत होने पर भी। आवेदन के लिए सभी राज्यों में फॉर्म उपलब्ध नहीं हैं। आवेदन कर्ता कोरे कागज पर आवेदन कर सकता है।

आवेदन में लिखें

- नाम, पूरा पता, टेलीफोन नंबर।
- किस बारे में सूचना आवेदक चाहता है, उसका पूरा ब्यौरा स्पष्ट शब्दों में।
- सूचना किस रूप में आवेदक चाहता है। उदाहरण के तौर पर दस्तावेजों की नकल चाहता है या अभिलेखों की जांच करना चाहता है या सामग्री का नमूना लेना चाहता है।
- यदि मांगी गई सूचना तीसरे पक्ष से संबंधित हो तो उसका भी पूरा नाम व पूरा पता टेलीफोन नंबर सहित लिखें।
- जिस समय सीमा से संबंधित मांगी गई सूचना हो, उसका ब्यौरा आवेदक दे।
- आवेदक गरीबी की रेखा से नीचे की श्रेणी का है तो वह इसका प्रमाण-पत्र आवेदन के साथ लगाएं।
- जो उसने शुल्क दिया है, उसका भी जिक्र आवेदन में करना आवश्यक है।

- आवेदन में उपरोक्त बातें स्पष्ट शब्दों में होने पर लोक सूचना अधिकारी को कार्रवाई करने में सुविधा होगी।

धारा 6 : सूचना प्राप्त करने के लिए अनुरोध

(1) कोई व्यक्ति, जो इस अधिनियम के अधीन कोई सूचना अभिप्राप्त करना चाहता है, लिखित में या इलेक्ट्रॉनिक युक्ति के माध्यम से अंग्रेजी या हिंदी में या उस क्षेत्र की भाषा जिसमें आवेदन किया जा रहा है, राजभाषा में ऐसी फीस के साथ, जो विहित की जाए –

(क) संबंधित लोक प्राधिकरण के यथास्थिति, केंद्रीय लोक सूचना अधिकारी या राज्य लोक सूचना अधिकारी।

(ख) यथास्थिति, केंद्रीय सहायक लोक सूचना अधिकारी या राज्य सहायक लोक सूचना अधिकारी।

को उसके द्वारा मांगी गई सूचना की विशिष्टियां विनिर्दिष्ट करते हुए अनुरोध करेगा;

परंतु जहां ऐसा अनुरोध लिखित में नहीं किया जा सकता है, वहां यथास्थिति, केंद्रीय लोक सूचना अधिकारी या राज्य लोक सूचना अधिकारी अनुरोध करने वाले व्यक्ति को सभी युक्तियुक्त सहायता मौखिक रूप से देगा, जिससे कि उसे लेखबद्ध किया जा सके।

आवेदन पत्र इन राज्यों/प्रदेशों में उपलब्ध है

बंगाल, दमन और दीव, हरियाणा, कर्नाटक, अरूणाचल प्रदेश, हिमाचल प्रदेश, महाराष्ट्र, मिजोरम, पांडिचेरी, उड़ीसा, सिक्किम आदि।

इन्हें भी जानें

- आवेदनकर्ता स्वयं जाकर अपना आवेदन जमा कर सकता है निर्धारित शुल्क के साथ या पोस्ट ऑफिस के जरिए भी भेज सकता है। आवेदन लोक सूचना अधिकारी या सहायक लोक सूचना अधिकारी को ही देना उचित रहता है। ई-मेल के माध्यम से भी आवेदन किया जा सकता है। शुल्क ऐसे में सात दिन के अंदर भेजना आवश्यक है।

- आवेदक हाथ से लिखकर या टाइप करवा कर आवेदन दे सकता है। इसके लिए कोई अलग से प्रावधान नहीं है। आवेदन किसी भी स्थानीय भाषा में भी लिखा जा सकता है। हिन्दी या अंग्रेजी में भी लिखा जा सकता है। भाषा को लेकर भी कोई विशेष नियम या प्रतिबंध नहीं है।
- आवेदन कर्ता से जानकारी मांगने का कारण नहीं पूछा जा सकता। ऐसा होने पर आवेदक आयोग को शिकायत कर सकता है।
- लोक सूचना अधिकारी वही सूचना दे सकता है जो सूचना छूट-प्राप्त की श्रेणी में आती हो। जिस सूचना को अधिकारी दे नहीं सकते, उसका कारण उसे आवेदक को बताने होंगे। अधिनियम में ऐसी व्यवस्था है।
- सुप्रीम कोर्ट से भी नागरिक सूचना मांग सकते हैं। यह अधिकार एक आम नागरिक को मिला हुआ है।
- हर नागरिक देश के सर्वोच्च प्राधिकारी के नियंत्रणाधीन सूचना प्राप्त कर सकता है। ऐसा कानून में प्रावधान है।
- आवेदन कर्ता को देने के लिए अभिलेख एक प्राधिकारी की सहायता से दूसरे प्राधिकारी से मंगाए जा सकते हैं।
- आवेदक ने जो सूचना मांगी है अगर वह सूचना उपलब्ध न हो तो आवेदक के पूछने पर या न पूछने पर भी इस हालत में उस को इसके कारणों के बारे में बताना आवश्यक है। ऐसा न होने पर वह अपील कर सकता है।

निर्धारित शुल्क

केंद्र सरकार ने सूचना का अधिकार अधिनियम के तहत शुल्क निश्चित किया है और यह निश्चित शुल्क केन्द्र के सभी संस्थानों पर समान रूप से लागू है। कई राज्यों ने भी केन्द्र द्वारा निश्चित शुल्क को ही अपने संगठनों पर लागू कर दिया है। वैसे राज्य चाहें तो अपने हिसाब से शुल्क निश्चित कर सकते हैं।

धारा 27 : नियम बनाने की समुचित सरकार की शक्ति

(1) समुचित सरकार इस अधिनियम के उपबंधों को कार्यान्वित करने के लिए राजपत्र में अधिसूचना द्वारा नियम बना सकेगी।

(2) विशिष्टतया और पूर्वगामी शक्ति की व्यापकता पर प्रतिकूल प्रभाव डाले बिना ऐसे नियम निम्नलिखित सभी या किसी विषय के लिए उपबंध कर सकेंगे, अर्थात् -

(क) धारा 4 की उपधारा (4) के अधीन प्रसारित की जाने वाली सामग्री के माध्यम की लागत का प्रिंट लागत मूल्य;

(ख) धारा 6 की उपधारा (1) के अधीन संदेय शुल्क :

(ग) धारा 7 की उपधारा (1) और उपधारा (5) के अधीन संदेय शुल्क ;

(घ) धारा 13 की उपधारा (6) और धारा 16 की उपधारा (6) के अधीन अधिकारियों और अन्य कर्मचारियों को संदेय वेतन एवं भत्ते तथा उनकी सेवा के निबंधन और शर्तें ;

(ङ) धारा 19 की उपधारा (10) के अधीन अपीलों का विनिश्चय करते समय, यथास्थिति, केंद्रीय सूचना अयोग या राज्य सूचना आयोग द्वारा अपनाई जाने वाली प्रक्रिया ;

(च) कोई अन्य विषय, जो विहित किए जाने के लिए अपेक्षित हो या विहित किया जाए।

समर्थ प्राधिकारी इस कानून के उपबंधों को लागू करने के लिए, राजपत्र में अधिसूचना द्वारा, नियम बना सकेगा।

धारा 28 : नियम बनाने की सक्षम प्राधिकारी की शक्ति

(1) सक्षम प्राधिकारी इस अधिनियम के उपबंधों को कार्यान्वित करने के लिए, राजपत्र में अधिसूचना द्वारा, नियम बना सकेगा।

(2) विशिष्टतया और पूर्वगामी शक्ति की व्यापकता पर प्रतिकूल प्रभाव डाले बिना ऐसे नियम निम्नलिखित सभी या किसी विषय के लिए उपबंध कर सकेंगे, अर्थात -

(अ) धारा 4 की उपधारा (4) के अधीन प्रसारित की जाने वाली सामग्री के माध्यम की लागत या प्रिंट लागत मूल्य :

(आ) धारा 6 की उपधारा (1) के अधीन संदेय शुल्क;

(इ) धारा 7 की उपधारा (1) के अधीन संदेय शुल्क और

(ई) कोई अन्य विषय जो विहित किए जाने के लिए अपेक्षित हो या विहित किया जाए।

सारणी टी - 3
केंद्रीय सरकार द्वारा निश्चित किया गया शुल्क

कार्य	प्रभार
आवेदन शुल्क	रु 10 गरीबी रेखा से नीचे आवेदकों से कोई शुल्क नहीं
अतिरिक्त पेज के लिए प्रभार	रु 2/- प्रति पेज (ए-4 या ए-3 साइज)
बड़े आकार का कागज	वास्तविक लागत मूल्य
नमूना या मॉडल	वास्तविक लागत मूल्य
अभिलेखों का निरीक्षण	पहले घंटे तक कोई शुल्क नहीं पहले घंटे के बाद रु 5/- प्रति 60 मिनट या उसका अंश
फ्लॉपी डिस्केट	रु. 50/-
अपील	कुछ नहीं

शुल्क अदा करने का तरीका

केंद्रीय सरकार के मामले में आवेदक शुल्क जमा नीचे लिखे किसी एक तरीके के जरिए कर सकता है -

- नकद
- डिमांड ड्राफ्ट
- पोस्टल ऑर्डर या
- बैंकर्स चेक

अंतिम तीन प्रकार के दस्तावेज लोक प्राधिकारी के एकाउंट्स ऑफिसर को देना होगा।

गरीबी रेखा से नीचे जीवन बसर करने वालों के लिए छूट

इस कानून की धारा 7(5) के तहत गरीबी रेखा से नीचे गुजर करने वाले लोगों के लिए छूट दी गई है। आवेदन शुल्क देना उनके लिए आवश्यक नहीं है। लेकिन उन्हें दस्तावेजी सबूत पेश कर अपनी आय के बारे में लोक सूचना अधिकारी/सहायक लोक सूचना अधिकारी को बताना जरूरी है। बी.पी.एल राशन कार्ड की फोटो कापी आवेदन के साथ संलग्न करें।

सारणी टी - 4

विभिन्न राज्यों/केंद्र-शासित प्रदेशों में शुल्क की दरें

राज्य	आवेदन शुल्क	भुगतान का तरीका
अरुणाचल प्रदेश	टेंडर दस्तावेज/बोली/ कोटेशन/व्यावसायिक संविदाओं के लिए रु 500/- अन्य के लिए रु. 50/-	ट्रेजरी चालान के द्वारा - लेखा-शीर्ष '0070 अन्य प्रशासनिक प्रभार'
असम	रु. 10/-	डी.डी./नकद/बैंकर चेक/ ट्रेजरी चालान
बिहार	रु. 10/-	डी.डी./नकद/बैंकर चेक/ नान-जुडिशियल स्टांप
चंडीगढ़	रु. 10/-	डी.डी./नकद/बैंकर चेक/ ट्रेजरी चालान
दमन और दीव	रु. 25/-	चालान फॉर्म
दिल्ली	रु. 10/-	डी.डी./नकद/बैंकर चेक/ पोस्टल ऑर्डर
गोवा	रु. 10/-	डी.डी./नकद/बैंकर चेक
आंध्र प्रदेश	गांव स्तर- शून्य मंडल स्तर - रु. 5/- अन्य स्तर - रु. 10/-	
गुजरात	रु. 20/-	डी.डी./नकद/बैंकर चेक/ जुडिशियल स्टांप/पोस्टल आर्डर

हरियाणा	रु. 50/-	नकद/ट्रेजरी चालान
हिमाचल प्रदेश	रु. 10/-	ट्रेजरी चालान
झारखंड	रु. 10/-	डी.डी./नकद/बैंकर चेक/
केरल	रु. 10/-	डी.डी./नकद/बैंकर चेक/पे ऑर्डर/ कोर्ट फी स्टांप-चालान
मध्य प्रदेश	रु. 10/-	नकद/नान-जुडिशियल स्टांप
महाराष्ट्र	रु. 10/-	डी.डी./नकद/बैंकर चेक/ मनीऑर्डर
मणिपुर	रु. 10/-	डी.डी./नकद/बैंकर चेक/ पोस्टल ऑर्डर
मेघालय	रु. 10/-	डी.डी./नकद/बैंकर चेक/ पोस्टल आर्डर
मिजोरम	रु. 10/-	ट्रेजरी चालान/नकद/कोर्ट फी स्टांप
नागालैंड	रु. 10/-	डी.डी./नकद/बैंकर चेक
उड़ीसा	रु. 10/-	नकद/कोर्ट फी स्टांप/चालान
पांडिचेरी	रु. 10/-	डी.डी./नकद/बैंकर चेक पोस्टल ऑर्डर
राजस्थान	रु. 10/-	डी.डी./नकद/बैंकर चेक
तमिलनाडु	रु. 10/-	डी.डी./नकद/बैंकर चेक
पंजाब	रु. 10/-	नकद/बैंक ड्राफ्ट/बैंकर चेक
कर्नाटक	रु. 10/-	पोस्टर ऑर्डर/डी.डी./बैंकर चेक/नकद
सिक्किम	रु. 10/-	बैंक रसीद
त्रिपुरा	रु. 10/-	नकद
उत्तर प्रदेश	रु. 10/-	डी.डी./नकद/बैंकर चेक
उत्तराखंड	रु. 10/-	डी.डी./नकद/बैंकर चेक
पं. बंगाल	रु. 10/-	कोर्ट फी स्टांप

- अधिकतम जानकारी के लिए राज्यों की वेबसाइटें देखें।

एक्स्ट्रा शुल्क

मांगी गई सूचना में दस्तावेजों की प्रतिलिपियां, नमूने, सी.डी./फ्लॉपी, वीडियो आदि है तो एक्स्ट्रा फीस ली जाती है। केंद्र सरकार ने इस संबंध में ये दरे निश्चित की हैं -

ए-4/ए-3 साइज के दस्तावेज	रु. 2/- प्रति पेज
बड़े आकार के दस्तावेज	वास्तविक मूल्य
सीडी/फ्लॉपी	रु. 50/-
सेंपल/मॉडल	वास्तविक लागत

धारा 7(5) : जहां सूचना तक पहुंच मुद्रित या किसी इलेक्ट्रॉनिक रूप में उपलब्ध कराई जाती है, वहां आवेदक उपधारा (6) के अधीन रहते हुए ऐसे शुल्क का संदेय करेगा, जो विहित किया जाए -

परंतु धारा 6 की उपधारा (1) और धारा 7 की उपधारा (1) और उपधारा (5) के अधीन विहित फीस युक्तियुक्त होगी और ऐसे व्यक्तियों से, जो गरीबी रेखा के नीचे हैं, जैसा समुचित सरकार द्वारा अवधारित किया जाए, कोई फीस प्रभारित नहीं की जाएगी।

(6) उपधारा (5) में किसी बात के होते हुए भी, जहां कोई लोक प्राधिकारी उपधारा (1) में विनिर्दिष्ट समय-सीमा का अनुपालन करने में असफल रहता है, वहां सूचना के लिए अनुरोध करने वाले व्यक्ति को प्रभार के बिना सूचना उपलब्ध कराई जाएगी।

सारणी टी - 5

राज्य/केंद्र-शासित प्रदेश सरकारों का एक्सट्रा शुल्क

राज्य	ए-4/ए-3 दस्तावेज	बड़े आकार का दस्तावेज	सीडी/फ्लॉपी	नमूना या मॉडल
अरुणाचल प्रदेश	रु. 5/-			वास्तविक प्रभार
असम	रु. 2/-	वास्तविक प्रभार	रु.50/-	वास्तविक लागत
बिहार	रु. 2/-	उ प.	रु.50/-	वास्तविक लागत
चंडीगढ़	रु. 2/-	उ प.	रु.50/-	वास्तविक प्रभार
दमन और दीव	रु. 2/-	उ प.	फ्लॉपी रु.50/-, सी.डी. रु. 100/-	उ प.
दिल्ली	रु. 2/-	उ प.	रु.50/-	उ प.
गोवा	रु. 2/-	उ प.	रु.50/-	उ प.
गुजरात	रु. 2/-	उ प.	रु.50/-	उ प.
हरियाणा	रु. 10/-	उ प.	फ्लॉपी रु.50/-, सी.डी. रु. 100/-	
हिमाचल प्रदेश	रु. 10/-	रु. 20/-	फ्लॉपी रु.50/-, सी.डी. रु. 100/-	

झारखंड	रु. 2/-	वास्तविक प्रभार	रु. 50/-	वास्तविक प्रभार
केरल	रु. 2/-	उ प.	रु.50/-	उ प.
मध्य प्रदेश	रु. 2/-	उ प.	रु.50/-	उ प.
महाराष्ट्र	रु. 2/-	उ प.	रु.50/-	
मणिपुर	रु. 2/-	उ प.	फ्लॉपी रु.50/-, सी.डी. रु. 100/-	वास्तविक लागत
मेघालय	रु. 2/-	उ प.	रु.50/-	
मिजोरम	रु. 2/-	उ प.	रु.50/-	वास्तविक लागत
नागालैंड	रु. 2/-	उ प.	रु.50/-	उ प.
उड़ीसा	रु. 2/-			
I		फ्लॉपी रु.50/-		उचित लागत
हिमाचल प्रदेश	कंप्यूटर प्रिंटआउट रु. 10/-	उ प.	सी.डी. रु. 50/-	
पांडिचेरी	रु. 2/-	उ प.	रु.50/-	वास्तविक लागत
राजस्थान	रु. 2/-	उ प.	रु.50/-	उ प.

सिक्किम	रु. 10/–	उ प.	वास्तविक लागत	निर्धारित प्रकार
पंजाब	रु. 10/–			
आन्ध्र प्रदेश	रु. 2/–		फ्लॉपी रु. 50/– सी.डी. रु. 100/– डी.वी.डी रु. 200/–	
कर्नाटक	रु. 2/–	–	रु.50/–	उचित लागत
तमिलनाडु	रु. 2/–	उ प.	रु.50/–	वास्तविक लागत
त्रिपुरा	रु. 2/–	उ प.	रु.50/–	उ प.
उत्तर प्रदेश	रु. 2/–	उ प.	रु.50/–	उ प.
उत्तराखंड	रु. 2/–	उ प.	रु.50/–	उ प.
प. बंगाल	रु. 2/–	उ प.	रु.50/–	उ प.

- अधिकतम जानकारी के लिए केंद्र शासित प्रदेशों की बेबसाइटें देखें।

सारणी टी - 6
अभिलेखों की जांच के लिए निश्चित शुल्क

राज्य	निरीक्षण शुल्क
असम	पहला घंटा नि:शुल्क; बाद में प्रत्येक 15 मिनट रु. 5/-
दमन और दीव	पिछले दस वर्षों के अभिलेखों के लिए रु. 100/- प्रति 3 घंटे
	पिछली दस वर्षीय अवधि से पूर्व के प्रति वर्ष के लिए 25/- प्रतिदिन
दिल्ली	पहला घंटा नि:शुल्क; बाद में प्रत्येक 15 मिनट रु. 5/-
गोवा	पहला घंटा नि:शुल्क; बाद में प्रत्येक 60 मिनट रु. 10/-
हरियाणा	पहला घंटा नि:शुल्क; बाद में प्रत्येक 15 मिनट रु. 10/-
हिमाचल प्रदेश	प्रत्येक 15 मिनट रु. 10/-
केरल	पहला घंटा नि:शुल्क; बाद में प्रत्येक 30 मिनट रु. 10/-
मेघालय	पहला घंटा नि:शुल्क; बाद में प्रत्येक 15 मिनट रु. 5/-
महाराष्ट्र	पहला घंटा नि:शुल्क; बाद में प्रत्येक 15 मिनट रु. 5/-
मध्य प्रदेश	पहला घंटा रु. 50/-, बाद में प्रत्येक 15 मिनट रु. 25/-
नागालैंड	पहला घंटा नि:शुल्क, प्रति घंटा रु 5/-
उड़ीसा	पहला घंटा नि:शुल्क; बाद में प्रत्येक 15 मिनट रु. 5/-
राजस्थान	पहला घंटा नि:शुल्क; बाद में प्रत्येक 15 मिनट रु. 5/-
सिक्किम	पहला घंटा नि:शुल्क; बाद में प्रत्येक 15 मिनट रु. 5/-
तमिलनाडु	पहला घंटा नि:शुल्क; बाद में प्रत्येक 15 मिनट रु. 5/-
त्रिपुरा	पहला घंटा नि:शुल्क; बाद में प्रत्येक 15 मिनट रु. 5/-
उत्तराखंड	पहला घंटा नि:शुल्क; बाद में प्रत्येक 15 मिनट रु. 5/-
पं. बंगाल	प्रत्येक 15 मिनट रु 5/-
बिहार	पहला घंटा नि:शुल्क; बाद में प्रत्येक 15 मिनट रु. 5/-
छत्तीसगढ़	पहला घंटा नि:शुल्क; बाद में प्रत्येक 15 मिनट रु. 5/-
गुजरात	पहला घंटा नि:शुल्क; बाद में प्रत्येक आधा घंटा रु. 20/-
झारखंड	पहला घंटा नि:शुल्क; बाद में प्रत्येक 30 मिनट रु. 5/-
आंध्र प्रदेश	पहला घंटा नि:शुल्क; बाद में प्रत्येक 15 मिनट रु. 5/-

कर्नाटक	पहला घंटा नि:शुल्क; बाद में प्रत्येक 30 मिनट रु. 20/-
मणिपुर	पहला घंटा नि:शुल्क; बाद में प्रत्येक 15 मिनट रु. 5/-
मिजोरम	पहला घंटा नि:शुल्क; बाद में प्रत्येक 60 मिनट रु. 5/-
पांडिचेरी	पहला घंटा नि:शुल्क; बाद में प्रत्येक 15 मिनट रु. 5/-
उत्तर प्रदेश	पहला घंटा रु. 10/-; बाद में प्रत्येक 15 मिनट रु. 5/-

अपील के लिए निर्धारित शुल्क

केंद्रीय सरकार के संगठनों के मामलों में अपील दायर करने के लिए कोई शुल्क निर्धारित नहीं किया गया है। अधिकांश राज्य सरकारें भी अपील दायर करने के लिए कोई शुल्क नहीं ले रही हैं। फिर भी, कुछ राज्य सरकारों ने अपील करने के लिए कुछ शुल्क निर्धारित किया है, जिसका विवरण आगे दिया गया है

अपील के लिए कुछ राज्य सरकारों का शुल्क

राज्य	अपील के लिए शुल्क
बिहार	रु. 50./-
मध्य प्रदेश	पहली अपील के लिए रु. 50/- दूसरी अपील के लिए रु. 100/-
महाराष्ट्र	रु. 20/-
उड़ीसा	पहली अपील के लिए रु. 20/- दूसरी अपील के लिए रु. 25/-
पांडिचेरी	पहली अपील के लिए रु. 50/- दूसरी अपील के लिए रु. 100/-
सिक्किम	रु. 100/-
मिजोरम	पहली अपील के लिए रु. 40/- दूसरी अपील के लिए रु. 50/-

इन्हें भी जानें

- यदि मांगी गई सूचना एक से ज्यादा पृष्ठ की होती हैं तो केंद्र सरकार की एजेंसियों के मामले में आवेदन कर्ता को दो रुपये प्रति पृष्ठ की दर से शुल्क अलग से अदा करना पड़ता है और इस एक्स्ट्रा शुल्क को जल्द से जल्द जमा करवा देना चाहिए।
- अगर आवेदक ने किसी सामग्री का नमूना मांगा है तो निश्चित शुल्क के हिसाब से आवेदन कर्ता से सामग्री की लागत ली जाती है।
- यदि सूचना इलेक्ट्रॉनिक रूप से देनी हो तो केंद्र सरकार की एजेंसियों को 50 रुपये प्रति सीडी. या फ्लॉपी की रेट से इनको खर्च देना पड़ता है।
- अभिलेखों की जांच के लिए भी शुल्क निर्धारित है - पहले घंटे के लिए केंद्र सरकार की एजेंसियों के मामले में कोई शुल्क ही नहीं है लेकिन उसके बाद 15 मिनट पर पांच रू. के दर से शुल्क लगता है।
- आवेदन कर्ता शुल्क के निर्धारण के विषय में जान सकता है और यह उसका कानूनी अधिकार है और सूचना अधिकारी के लिए भी यह जरूरी है कि वह आवेदक को बताए कि एकस्ट्रा शुल्क की दरों की गणना कैसे की गई?

धारा 7(3) (क)

उसके द्वारा यथा अवधारित सूचना उपलब्ध कराने की लागत के रूप में तथा शुल्क के ब्यौरे, जिनके साथ उपधारा (1) के अधीन विहित शुल्क के अनुसार रकम निकालने के लिए की गई संगणनाएं होंगी, देते हुए उससे उस फीस को जमा करने का अनुरोध करते हुए कोई संसूचना भेजेगा और उक्त संसूचना के प्रेषण एवं फीस के संदाय के बीच मध्यवर्ती अवधि को उस धारा के विनिर्दिष्ट तीस दिन की अवधि की संगणना करने के प्रयोजन के लिए अपवर्जित किया जाएगा।

- सूचना देने का खर्च लोक सूचना अधिकारी निश्चित करता है। सरकारी विभाग मूल्यांकित प्रकाशनों का दाम आवेदक से लेने का अधिकार रखता है।
- अगर आवेदक को सूचना देने में संबंधित विभाग ने देरी कर दी तो फिर आवेदक को सूचना निःशुल्क पाने का अधिकार है।

देखिए धारा 7(6) की उपधारा (5) में किसी बात के होते हुए भी, जहां कोई लोक प्राधिकारी उपधारा (1) विनिर्दिष्ट समय-सीमा का अनुपालन करने में असफल रहता है, वहां सूचना के लिए अनुरोध करने वाले व्यक्ति को प्रभार के बिना सूचना उपलब्ध कराई जाएगी।

सूचना मिलने की अवधि

- सूचना का अधिकार अधिनियम की धारा 6 के तहत आवेदन की प्राप्ति के दिन से सूचना देने की अवधि शुरू होती है। 48 घंटों से लेकर 45 दिनों की अवधि में आवेदक को सूचना देने का प्रावधान है।
- अगर मामला सामान्य है तो ऐसे में अनुरोध करने के 30 दिन के भीतर आवेदक को सूचना पाने का अधिकार है। अगर आवेदक ने केंद्रीय या राज्य सहायक लोक सूचना अधिकारी को आवेदन किया है तो उसे 30 दिन के बदले 35 दिन के बाद सूचना मिलेगी।
- अगर मांगी गई सूचना तीसरे पक्ष से संबंधित है तो सूचना 40 दिन में मिलती है।

धारा 7(7) की उपधारा (1) के अधीन कोई विनिश्चय करने से पूर्व, यथा स्थिति, केंद्रीय लोक सूचना अधिकारी या राज्य लोक सूचना अधिकारी धारा 11 के अधीन तीसरे व्यक्ति द्वारा किए गए अभ्यावेदन को ध्यान में रखेगा।

- सूचना किसी व्यक्ति के जीवन और स्वतंत्रता से संबंधित होती है तो उसे 48 घंटों के अंदर देने का प्रावधान है। मसलन इलाज और हेल्थ संबंधी सूचना 48 घंटों के अंदर आवेदक को मिल सकती

है। ऐसे ही अगर कोई व्यक्ति गलत तरीके से पुलिस हिरासत में है तो सूचना के अधिकार अधिनियम के तहत आवेदन किया जा सकता है। चूंकि यह मामला आजादी से जुड़ा है इसलिए 48 घंटे के अंदर आवेदक को सूचना मुहैया कराई जा सकती है।

- जो संस्थान सूचना के अधिकार अधिनियम से मुक्त हैं अगर उन पर भ्रष्टाचार या मानव अधिकार के उल्लंघन को लेकर आरोप है तो उन्हें 45 दिनों की अवधि में सूचना देना अनिवार्य है।

इन्हें भी जानें

- स्वच्छता संबंधी सूचना 48 घंटे की श्रेणी में नहीं आती लेकिन यह स्वास्थ्य से जुड़ा मामला है। आवेदक को यथाशीघ्र सूचना देने की व्यवस्था है।
- भूख हड़ताल पर बैठे लोगों द्वारा मांगी गई सूचना जीवन और आजादी की श्रेणी में आती है। अगर आवेदन के साथ मेडिकल रिपोर्ट भी हो, साथ ही यह भी निश्चित हो कि भूख हड़ताल, अहिंसक तरीके से है।
- आवेदक अपीलेट अथॉरिटी के ब्यौरे जान सकता है। उसे इसका अधिकार है।
- सूचना का अधिकार अधिनियम के तहत किया गया अनुरोध किसी दूसरे एक्ट या नियमों के तहत अस्वीकार नहीं किया जा सकता है। इस एक्ट के तहत स्वीकार किए गए आवेदन सिर्फ इसी अधिनियम के प्रावधानों के अन्तर्गत नामंजूर किए जा सकते हैं।
- निश्चित अवधि में सूचना न मिलने पर आवेदक को इसे इंकार जैसा ही मानना चाहिए और इसके 30 दिन के अंदर ही अंदर उसे प्रथम अपीलेट अधिकारी के कार्यालय में शिकायत दर्ज करानी चाहिए।

धारा 7(8) : जहां किसी अनुरोध को उपधारा (1) के अधीन अस्वीकृत किया गया है, वहां यथास्थिति, केंद्रीय लोक सूचना अधिकारी या राज्य लोक सूचना अधिकारी अनुरोध करने वाले व्यक्ति को –

(1) ऐसी अस्वीकृति के कारण;

(2) वह अवधि, जिसके भीतर ऐसी अस्वीकृति के विरुद्ध कोई अपील की जा सकेगी और;

(3) अपील प्राधिकारी की विशिष्टियां,

संसूचित करेगा।

(9) किसी सूचना को साधारणतया उसी प्रकार से उपलब्ध कराया जाएगा जिसमें उसे मांगा गया है, जब तक कि वह लोक प्राधिकारी के स्रोतों के अनुपाती रूप से विचलित न करता हो या प्रश्नगत अभिलेख की सुरक्षा या सरंक्षण के प्रतिकूल न हो।

7

थर्ड पार्टी इंफॉरमेशन

थर्ड पार्टी इंफॉरमेशन को ही तीसरे पक्ष की सूचना कहा जाता है। थर्ड पार्टी इंफॉरमेशन में सरकारी दफ्तरों में विविध कानूनों के तहत व्यक्ति, संगठन या संस्थान नाना प्रकार की सूचना कई प्रारूपों में देते हैं। अगर सूचना देने वाला सरकारी प्राधिकारी से आग्रह करता है कि इस सूचना को खुले आम न किया जाए तो ऐसे में प्राधिकारी के सामने एक तरह की समस्या आ खड़ी होती है। अब सवाल यह उठता है कि इस सूचना को दूसरे व्यक्तियों तक कैसे पहुंचाया जाए? ऐसे में यह देखा जाता है कि इसमें जनता का हित कितना है। अगर सूचना लोक हित में होती है और किसी संगठन या व्यक्ति विशेष से बढ़कर होती है तो ऐसी सूचनाओं को खुलेआम करने के बारे में सोचा जा सकता है।

अगर आवेदक किसी तीसरे व्यक्ति के बारे में जानकारी की मांग करता है तो पांच दिनों के अंदर उस तीसरे व्यक्ति को अपनी बात कहने के लिए नोटिस जारी किया जाता है। तीसरे व्यक्ति को लिखित या मौखिक रूप से अपनी बात व्यक्त करने की अनुमति दी जाती है। तीसरे व्यक्ति को 10 दिन के अंदर हाजिर होने का मौका भी मिलता है। यह सब हो जाने के बाद केंद्रीय या राज्य लोक अधिकारी सारे तथ्यों को देखते हुए अपना फैसला सुनाता है। फैसला इस बात पर निर्भर करता है कि सूचना लोकहित में है या नहीं। अगर सूचना लोक हित में है तो 40 दिनों के अंदर-अंदर फैसला हो जाता है।

धारा 11 पर व्यक्ति सूचना

(1) जहां, यथास्थिति, किसी केंद्रीय लोक सूचना अधिकारी या राज्य लोक सूचना अधिकारी का इस अधिनियम के अधीन किए गए अनुरोध पर कोई ऐसी सूचना या अभिलेख या उसके किसी भाग को प्रकट करने का आशय है, जो किसी पर व्यक्ति से संबंधित है या उसके द्वारा इसका प्रदाय किया गया है और उस पर व्यक्ति द्वारा उसे गोपनीय माना गया है , वहां यथास्थिति, केंद्रीय लोक सूचना अधिकारी या राज्य लोक सूचना अधिकारी अनुरोध प्राप्त होने से पांच दिन के भीतर ऐसे पर व्यक्ति को अनुरोध की और इस तथ्य की लिखित रूप में सूचना देगा कि यथास्थिति, केंद्रीय लोक सूचना अधिकारी या राज्य लोक सूचना अधिकारी का उक्त सूचना या अभिलेख या उसके किसी भाग को प्रकट करने का आशय है - और इस बारे में कि सूचना प्रकट की जानी चाहिए या नहीं, लिखित में या मौखिक रूप से निवेदन करने के लिए पर व्यक्ति को आमंत्रित करेगा तथा सूचना के प्रकटन के बारे में कोई विनिश्चय करते समय पर व्यक्ति के ऐसे निवेदन को ध्यान में रखा जाएगा।

इन्हें भी जानें

- सूचना अधिकारी सूचना देने का निर्णय करता है तो तीसरा व्यक्ति उसके खिलाफ अपील कर सकता है अगर वह सूचना अधिकारी के सूचना देने के फैसले से संतुष्ट या सहमत नहीं है। जब तक अपील पर कोई फैसला नहीं हो जाता तब तक लोक सूचना अधिकारी तीसरे व्यक्ति की सूचना आवेदनकर्ता को मुहैया नहीं करा सकता।

देखें धारा 11(4)

धारा 11(4) : उपधारा (3) के अधीन दी गई सूचना में यह कथन भी सम्मिलित होगा कि वह व्यक्ति, जिसे सूचना दी गई है, धारा 19 के अधीन उक्त विनिश्चय के विरुद्ध अपील दायर करने का हकदार है।

- तीसरे व्यक्ति के परमानेंट आयकर एकाउंट नंबर गोपनीय सूचना है। आयकर खाता नम्बर सार्वजनिक करने से दूसरे व्यक्ति अपने वित्तीय सौदों में तीसरे व्यक्ति के आयकर एकाउंट नंबर का उल्लेख

कर उसका गलत इस्तेमाल कर सका है। यही बात टैन पर भी लागू होती है।

- किसी दूसरे व्यक्ति के आयकर रिटर्न की सूचना भी प्राप्त नहीं की जा सकती है।
- कर अपवंचन याचिका (टी.ई.पी.) पर रिपोर्ट उस व्यक्ति को दी जा सकती है, जिसने ऐसी शिकायत की हो।
- आवेदक या देश का कोई भी नागरिक कंपनियों के बैंक खातों के ब्यौरे की सूचना नहीं हासिल कर सकता है।
- किसी ने गोपनीय रूप से साक्ष्य दिया है तो उस मामले की जांच रिपोर्ट की एक प्रति किसी दूसरे को नहीं जा सकती है। यह सूचना का अधिकार अधिनियम के खिलाफ है।
- उन व्यक्तियों के, जिन्होंने किसी पद के लिए आवेदन किया है, बायो-डाटा की सूचना आवेदनकर्ता प्राप्त कर सकता है क्योंकि किसी पद के लिए आवेदन एक सार्वजनिक दस्तावेज हो जाता है।
- आवेदनकर्ता दूसरे व्यक्तियों की मेडिकल रिपोर्टों की सूचना या उनकी नकल प्राप्त नहीं कर सकता है। यह गोपनीय सूचना है और बिल्कुल ही व्यक्तिगत है।
- तीसरे व्यक्ति ने सूचना को गुप्त रखने का आग्रह किया है तो यह सूचना आवेदनकर्ता को नहीं दी जा सकती है।
- अगर विवाह संबंधी विवाद में कोई कर्मचारी फंसा हुआ हो और ऐसे में पति या पत्नी कर्मचारी के विषय में जानकारी मांगती या मांगता है, तो यह सूचना नहीं दी जा सकती क्योंकि इसका प्रयोग वैवाहिक विवाद में हो सकता है।
- तीसरे व्यक्ति की ऑडीटिड बैलेंस शीट औरों को नहीं दिखाई जा सकती। यह गोपनीय जानकारी है।
- किसी तीसरे व्यक्ति के बिजनेस के विषय में जानकारी मांगना सूचना के अधिकार अधिनियम की धारा 8(1) (अ) में वर्णित ग्राहक की निजता का अवांछनीय अतिक्रमण है।

इस तरह की सूचना देना जरूरी नहीं

- व्यावसायिक ब्यौरों से युक्त निजी सूचना।

- तेल कंपनियों के बिक्री के ब्यौरे
- बौद्धिक संपदा।
- पैन/टैन नंबर आदि।
- लेजर खातों की प्रतिलिपि।
- पुलिस अधिकारी के खिलाफ की गई कार्रवाई।
- व्यावसायिक गोपनीयता।
- आक्रमण संबंधी ब्यौरे।
- करारनामे के गोपनीय खंड।
- वैवाहिक विवाद से संबंधित सूचना।
- एक न्यासी के रूप में धारित तीसरा पक्ष सूचना।
- आयातक व निर्यातक संबंधी जानकारी।
- पर्सनल लाइफ पर अवांछनीय रूप से आक्रमण कराने वाली सूचना।
- तीसरा पक्ष की ऑडीटिड बैलेंसशीट।

यह सूचना दी जा सकती है

- लाइसेंस प्राप्त करने का आवेदन पत्र।
- जेल में सजा काट रहे कैदियों के बारे में जानकारी।
- लोगों की सलाह आदि।

8

सूचना के प्रकट किए जाने से छूट

जिन विभागों की सूचना देने से मना किया गया है, उनका जिक्र अधिनियम की धारा 8 में किया गया है। लेकिन जो प्राधिकारी या लोक प्राधिकारी सक्षम हैं वे जन हित को ध्यान में रखते हुए सूचना दे सकते हैं। आवेदनकर्ता को धारा 8 के अन्तर्गत छूट प्राप्त सूचनाओं तथा दूसरी अनुसूची में शामिल संगठनों से सूचना मांगने से बचना चाहिए। फिर भी वे अपराध के अभिकथनों तथा मानव अधिकार के उल्लंघन संबंधी सूचना प्राप्त कर सकते हैं।

धारा 8 : सूचना के प्रकट किए जाने से छूट

(1) इस अधिनियम में अंतर्विष्ट किसी बात के होते हुए भी व्यक्ति को निम्नलिखित सूचना देने की बाध्यता नहीं होगी –

(क) सूचना, जिसके प्रकटन से भारत की प्रभुता और अखंडता, राज्य की सुरक्षा, रणनीति, वैज्ञानिक या आर्थिक हित, विदेश से संबंध पर प्रतिकूल प्रभाव पड़ता हो, या किसी अपराध को करने का उद्दीपन होता हो;

(ख) सूचना, जिसके प्रकाशन को किसी न्यायालय या अधिकरण द्वारा अभिव्यक्त रूप में निषिद्ध किया गया है या जिसके प्रकटन से न्यायालय का अवमान होता है ;

(ग) सूचना, जिसके प्रकटन से संसद या किसी राज्य के विधान मंडल के विशेषाधिकार का भंग कारित होगा;

(घ) सूचना, जिसमें वाणिज्यिक विश्वास, व्यापार गोपनीयता या बौद्धिक

संपदा सम्मिलित है, जिसके प्रकटन से किसी पर व्यक्ति की प्रतियोगी स्थिति को नुकसान होता है, जब तक कि सक्षम प्राधिकारी का यह समाधान नहीं हो जाता कि ऐसी सूचना के प्रकटन से विस्तृत लोक-हित का समर्थक होता है।

(ड़) किसी व्यक्ति को उसकी वैश्वासिक नातेदारी में उपलब्ध सूचना, जब तक कि सक्षम प्राधिकारी का यह समाधान नहीं हो जाता है कि ऐसी सूचना के प्रकटन से विस्तृत लोक-हित का समर्थन होता है;

(च) किसी विदेशी सरकार से विश्वास में प्राप्त सूचना

(छ) सूचना, जिसको प्रकट करना किसी व्यक्ति के जीवन या शारीरिक सुरक्षा को खतरे में डालेगा अथवा जो विधि-प्रवर्तन या सुरक्षा प्रयोजनों के लिए विश्वास में दी गई किसी सूचना या सहायता के स्त्रोत की पहचान करेगा;

(ज) सूचना, जिससे अपराधियों के अन्वेषण, पकड़े जाने या अभियोजन की क्रिया में अड़चन पड़ेगी;

(झ) मंत्रिमंडल के कागज-पत्र जिनमें मंत्रिपरिषद्, सचिवों और अन्य अधिकारियों के विचार-विमर्श के अभिलेख सम्मिलित हैं -

परंतु यह कि मंत्रिपरिषद् के विनिश्चय, उनके कारण तथा वह सामग्री जिसके आधार पर विनिश्चय किए गए थे, विनिश्चय किए जाने और विषय के पूरा या समाप्त होने के पश्चात जनता को उपलब्ध कराए जाएंगे;

परंतु यह और कि वे विषय जो इस धारा में विनिर्दिष्ट छूटों के अंतर्गत आते हैं, प्रकट नहीं किए जाएंगे;

(ञ) सूचना, जो व्यक्तिगत सूचना से संबंधित है, जिसका प्रकटन किसी लोक क्रियाकलाप या हित से संबध नहीं रखता है या जिससे व्यक्ति की एकांतता पर अनावश्यक अतिक्रमण होगा, जब तक कि यथास्थिति, केंद्रीय लोक सूचना अधिकारी या अपील अधिकारी का यह समाधान नहीं हो जाता है कि ऐसी सूचना का प्रकटन विस्तृत लोक-हित में न्यायोचित है।

परंतु ऐसी सूचना के लिए, जिसको यथास्थिति, संसद या किसी राज्य विधानमंडल को देने से इंकार नहीं किया जा सकता, किसी व्यक्ति को इनकार नहीं किया जाएगा।

(2) शासकीय गुप्त बात अधिनियम खंड 1923 में, उपधारा (1) के अनुसार अनुज्ञेय किसी छूट में किसी बात के होते हुए भी किसी लोक प्राधिकारी को सूचना तक पहुंच अनुज्ञात की जा सकेगी।

अधिनियम की धारा 8 का विश्लेषण

- **देश की सुरक्षा और अखंडता संबंधी :** सूचना, जिसके प्रकटन से भारत की प्रभुता और अखंडता, राज्य की सुरक्षा, रणनीतिक, वैज्ञानिक या आर्थिक हित, विदेश से संबंध पर प्रतिकूल प्रभाव पड़ता हो या किसी अपराध को करने का उद्दीपन होता हो, को प्रकट किए जाने से छूट है।

(i) टेलीफोन से संबंधित निगरानी को गोपनीय ही माना जा सकता है क्योंकि निगरानी के विशेष मामले अत्याधिक गोपनीय होते हैं। इस पर धारा 8(1) (क) में बताई गई छूट लागू होगी।

• जिसका प्रकाशन न्यायालय द्वारा निषिद्ध हो

सूचना, जिसके प्रकाशन को किसी न्यायालय प्राधिकरण द्वारा अभिव्यक्त रूप में निषिद्ध किया गया है या जिसके प्रकटन से न्यायालय का अवमान होता है, को प्रकट किए जाने से छूट दी गई है।

• संसद या विधानमंडल के विशेषाधिकारों का भंग होना

ऐसी सूचना, जिसको प्रकट या उजागर करने से संसद या किसी राज्य के विधान-मंडल के विशेषाधिकारों का हनन होता हो, को भी छूट मिली हुई है। ऐसी सूचना प्रकट करने का प्रावधान नहीं है।

• वाणिज्यिक विश्वास, व्यापार गोपनीयता या बौद्धिक संपदा

सूचना, जिसमें वाणिज्यिक विश्वास, व्यापार गोपनीयता या बौद्धिक संपदा शामिल है, जिसके प्रकटन से किसी व्यक्ति की प्रतियोगी स्थिति को नुकसान होता है, जब तक कि सक्षम प्राधिकारी का यह समाधान नहीं हो जाता है कि ऐसी सूचना के प्रकटन से विस्तृत लोक-हित का समर्थन होता है, को भी छूट प्राप्त है। लेकिन जो सूचना प्राधिकारी सक्षम है, वह सूचना देने के बारे में सोच सकता है अगर जनहित तीसरे व्यक्ति की हानि से अधिक है।

- **वैश्वासिक नातेदारी में उपलब्ध सूचना**

किसी व्यक्ति को उसकी वैश्वासिक नातेदारी में उपलब्ध सूचना, जब तक कि सक्षम प्राधिकारी का यह समाधान नहीं हो जाता कि ऐसी सूचना के प्रकटन से विस्तृत लोक-हित का समर्थन होता है को छूट प्राप्त है। लेकिन जो प्राधिकारी समर्थवान है, वह लोकहित को ध्यान में रखकर सूचना देने का फैसला ले सकता है।

- **जिसको प्रकट करने से जीवन और आजादी को नुकसान हो :**

सूचना, जिसके प्रकटन से किसी व्यक्ति के जीवन या शारीरिक सुरक्षा को खतरा पहुंचता हो या कानून के प्रवर्तन या सुरक्षा प्रयोजनों से विश्वास में दी गई सहायता के कर्ता की पहचान करता हो, को छूट प्राप्त है।

- **जिसके प्रकटन से अन्वेषण की प्रक्रिया में अड़चन आए**

सूचना, जिससे अपराधियों के अन्वेषण, पकड़े जाने या अभियोजन की क्रिया में अड़चन पड़े, को छूट प्राप्त है।

- **अभिलेखों और मंत्रिमंडल के कागज-पत्र**

मंत्रिमंडल के कागज-पत्र, जिनमें मंत्रिपरिषद्, सचिवों और अन्य अधिकारियों के विचार-विमर्श के अभिलेख शामिल हैं, को प्रकट किए जाने से छूट है। परन्तु मंत्रिपरिषद के फैसले, उनके कारण तथा वह सामग्री, जिसके आधार पर फैसले लिए गए थे, फैसले किए जाने और विषय के पूरा या समाप्त होने के पश्चात जनता को उपलब्ध कराए जायेंगे। लेकिन उन विषयों को, जो इस धारा में बताई गई छूटों के अंतर्गत आते हैं को, प्रकट नहीं किया जाएगा।

- **व्यक्तिगत सूचना, जो लोकहित से संबंधित न हो**

सूचना, जो व्यक्तिगत सूचना से संबंधित है, जिसका प्रकटन किसी लोक क्रियाकलाप या हित से संबंध नहीं रखता है या जिससे व्यक्ति की निजता पर अनावश्यक अतिक्रमण होता है, जब तक कि यथाशक्ति, केन्द्रीय लोक सूचना अधिकारी या राज्य लोक सूचना अधिकारी या अपील प्राधिकारी का यह समाधान नहीं हो जाता है कि ऐसी सूचना का प्रकटन विस्तृत लोक-हित में न्यायोचित है, को छूट मिली है। फिर भी ऐसी सूचना लोकहित में हो तो

प्राधिकारी सूचना देने का निर्णय ले सकता है।

इन्हें भी जानें

- बैंकों द्वारा दिए गए कर्ज के बारे में जानकारी नहीं दी जा सकती है।
- उन मामलों में भी सूचना नहीं दी जा सकती है, जहां पहले से ही गोपनीयता हो।
- किसी मामले में कार्य पूरा होने के बाद वह मामला गोपनीय नहीं रह जाता है। अगर उसमें कुछ गोपनीयता हो भी तो जनहित में उसको उजागर करना आवश्यक हो जाता है।
- तेल कंपनियों की बिक्री के ब्यौरे भी किसी को दिये नहीं जा सकते हैं क्योंकि यह एक गोपनीय वाणिज्यिक सूचना है।
- जांची गई उत्तर-पुस्तिकाएं नहीं दिखाई जा सकती है क्योंकि वे वैश्वासिक नातेदारी से संबंधित प्रावधान के अंतर्गत आती हैं। यहां यह भी जानना जरूरी है कि परीक्षार्थियों को मिले अंक वैश्वासिक नातेदारी के तहत ही आते हैं और यह गोपनीय मामला है।
- इसी तरह से किसी भी प्रकार की परीक्षा का संचालन करना भी एक गोपनीय मामला है। उत्तर-पुस्तिकाएं आवेदक को नहीं दिखाई जा सकती हैं, हां, अंक देने की प्रक्रिया की सूचना दी जा सकती हैं।
- कर्जदारों और उनके कर्जों के ब्यौरों की सूचना वाणिज्यिक गोपनीयता की श्रेणी में आती है और यह सूचना वैश्वासिक नातेदारी की श्रेणी में भी आती है। इसी तरह से निजी दस्तावेज भी वैश्वासिक नातेदारी की श्रेणी में आते हैं। इसकी सूचना प्रकट नहीं की जा सकती।
- एक बैंक से दूसरे बैंक को भेजी गई सलाह भी वैश्वासिक नातेदारी से संबंधित है। इसी तरह से किसी छानबीन के दौरान एक कंपनी द्वारा सीमा शुल्क तथा उत्पाद कर, अधिकारियों को दिए गए दस्तावेज वैश्वासिक नातेदारी से संबंधित हैं। इनकी सूचना का खुलासा नहीं किया जा सकता है।
- वकील का कार्य भी वैश्वासिक नातेदारी से संबंधित है। मुवक्किल ने जो सूचना दी है और वकील से प्राप्त कोई भी सूचना गोपनीयता की श्रेणी में आती है। उसे प्रकट नहीं किया जा सकता ।

- जब कोई मुकदमा अग्रवर्ती चरण में है तो उस समय सूचना को प्रकट करना अन्वेषण में बाधक माना जा सकता है। आयोग के अनुसार जहां सूचना को प्रकट करने से मुकदमा की प्रगति में अड़चन आती हो तो सूचना का खुलासा करना जरूरी नहीं है।
- अचल संपत्ति संबंधी सालाना रिटर्न किसी तीसरे पक्ष को नहीं दिया जा सकता है क्योंकि यह व्यक्तिगत सूचना है, जिसको बता देने से अमुक करदाता की व्यक्तिागत जिंदगी का अतिक्रमण हो सकता है।
- करदाता द्वारा जमा की गई कर विवरणियां, गोपनीय होती हैं, जिसमें वाणिज्यिक कार्यों के ब्यौरे होते हैं और वे तीसरे पक्ष से संबंधित होते हैं। इनकी सूचना प्रकट नहीं की जा सकती है।
- किसी व्यक्ति को कारावास में डाल दिए जाने को, चाहे उसे कोर्ट से सजा मिली हो या वह अभी विचाराधीन कैदी हो, गोपनीय सूचना की श्रेणी में नहीं रखा जा सकता है। इसकी सूचना प्रकट की जा सकती है।
- इसी तरह से अधिकारियों के दौरे के कार्यक्रमों संबंधी सूचना भी प्रकट की जा सकती है।
- मेडिकल रिपोर्ट्स व्यक्तिगत दस्तावेज हैं और किसी तीसरे व्यक्ति को उनके बारे में कुछ भी बताया नहीं जा सकता।
- नियुक्ति के ब्यौरे के बारे में जानकारी सूचना का अधिकार कानून के तहत आवेदक मांग सकते हैं क्योंकि यह कोई व्यक्तिगत सूचना नहीं है।
- लोक-सेवकों की योग्यता की सूचना प्रकट की जा सकती है क्योंकि प्रत्येक नागरिक को लोक-सेवकों की योग्यताओं, अर्हताओं तथा उनके पदों के विषय में जानने का हक है।
- किसी भी संस्थान के पुर्ननियुक्त के ब्यौरो को प्रकट किया जा सकता है क्योंकि यह गोपनीय सूचना के अन्तर्गत नहीं आता है।
- बौद्धिक संपदा संबंधी सूचना प्रकट नहीं की जा सकती है क्योंकि यह सूचना का अधिकार अधिनियम के अनुसार गोपनीय सूचना है।
- जिन अभिलेखों को नष्ट कर दिया गया है, उन अभिलेखों को नहीं दिया जा सकता है। आवेदक को इन मूलभूत बातों को समझने की जरूरत है।

धारा 24 : अधिनियम का कतिपय संगठनों पर लागू न होना

(1) इस अधिनियम में अंतर्विष्ट कोई बात, केंद्रीय सरकार द्वारा स्थापित आम सूचना और सुरक्षा संगठनों पर, जो दूसरी अनुसूची में विनिर्दिष्ट हैं या ऐसे संगठनों द्वारा उस सरकार को दी गई किसी सूचना पर लागू नहीं होगी –

परंतु भ्रष्टाचार और मानव अधिकारों के अतिक्रमण के अभिकथनों से संबंधित सूचना इस उपधारा के अधीन अपवर्जित नहीं की जाएगी;

परंतु यह और कि यदि मांगी गई सूचना मानव अधिकारों के अतिक्रमण के अभिकथनों से संबंधित है तो सूचना केंद्रीय सूचना आयोग के अनुमोदन के पश्चात ही दी जाएगी और धारा 7 में किसी बात के होते हुए भी ऐसी सूचना अनुरोध की प्राप्ति के पैंतालीस दिनों के अंदर दी जाएगी।

(2) केंद्रीय सरकार, राजपत्र में किसी अधिसूचना द्वारा, अनुसूची का उस सरकार द्वारा स्थापित किसी अन्य आम सूचना या सुरक्षा संगठन को उसमें सम्मिलित करके या उसमें पहले से विनिर्दिष्ट किसी संगठन का, उससे लोप करके संशोधन कर सकेगी और ऐसी अधिसूचना के प्रकाशन पर ऐसे संगठनों को अनुसूची में, यथास्थिति, सम्मिलित किया गया या उसे लोप किया गया समझा जाएगा।

(3) उपधारा (2) के अधीन जारी की गई प्रत्येक अधिसूचना संसद के प्रत्येक सदन के समक्ष रखी जाएगी।

(4) इस अधिनियम की कोई बात आम सूचना और ऐसे सुरक्षा संगठनों पर लागू नहीं होगी, जो राज्य सरकार द्वारा स्थापित ऐसे संगठन हैं, जिन्हें वह सरकार समय-समय पर राजपत्र में अधिसूचना द्वारा विनिर्दिष्ट करें :

परंतु भ्रष्टाचार और मानव अधिकारों के अतिक्रमण के अभिकथनों से संबंधित सूचना इस उपधारा के अधीन अपवर्जित नहीं की जाएगी;

परंतु यह और कि यदि माँगी गई सूचना मानव अधिकारों के अतिक्रमण अभिकथनों से संबंधित है तो सूचना राज्य सूचना आयोग के अनुमोदन के पश्चात ही दी जाएगी और धारा 7 में किसी बात के होते हुए भी ऐसी सूचना अनुरोध की प्राप्ति के पैंतालीस दिनों के अंदर दी जाएगी।

(5) उपधारा (4) के अधीन जारी की गई प्रत्येक अधिसूचना राज्य विधानमंडल के समक्ष रखी जाएगी।

सूचना कैसे आसानी से प्राप्त हो जाए

1. मांगी जाने वाली सूचना किस प्रकार की है, इस बारे में आवेदक को आवेदन करने से पहले ही जानकारी ले लेनी चाहिए।
2. सूचना किस उद्देश्य को ध्यान में रखकर मांगी जा रही है इसका आवेदन में जिक्र होना चाहिए।
3. प्रश्नों की भाषा स्पष्ट, सरल और सहज रखें। कई प्रश्नों को एक साथ जोड़ कर न लिखें। एक प्रश्न के समाप्त होने पर दूसरा प्रश्न दूसरी लाइन से शुरू करें।
4. जिस वर्ष से अमुक सूचना चाहते हैं, उस वर्ष का जिक्र करें। सूचना प्रकट करने योग्य है या नहीं, इसकी भी पहचान करें। उन संगठनों के बारे में पता करें, जो वांछित सूचना रखती हैं या उन्हें इसके बारे में ज्ञान होता है।
5. आवेदक अन्याय या देरी से परेशान है तो वह जिम्मेदार लोगों की पहचान करने के संबंध में प्रश्न करें और इस बात की जानकारी प्राप्त करें कि सरकारी नियमों के अनुसार ऐसे मामलों की सुनवाई के लिए क्या प्रावधान है। इसके बाद किसी मामले में हुई देरी के कारण तथा देरी जिन व्यक्तियों ने की, इस बारे में जानकारी मांगें।
6. दोषी कर्मचारियों के खिलाफ क्या कार्रवाई हुई, इसके बारे में भी सूचना मांगें।
7. आवेदन-पत्र की भाषा हिन्दी, अंग्रेजी या वहां की राजकीय भाषा में होनी चाहिए।
8. केंद्रीय या राज्य लोक सूचना अधिकारी या केंद्रीय या राज्य सहायक लोक सूचना अधिकारी को ही आवेदन पत्र दें। ई-मेल के माध्यम से भेजना हो तो इन्हीं अधिकारियों में से किसी को भेजें।
9. अतिरिक्त शुल्क की जहां जरूरत हो, वहां अतिरिक्त शुल्क जमा करें, इससे जानकारी यथा शीघ्र मिलेगी। आवेदक गरीबी रेखा से नीचे का हो तो इसका प्रमाण पत्र आवेदन पत्र के साथ नत्थी करके आवेदन पत्र जमा करे।

इन्हें भी जानें

- नागरिक को सही तरीके से आवेदन तैयार करने और उसको जमा करने में प्राधिकारियों से उचित मदद पाने का अधिकार है। लोक सूचना अधिकारी तथा सहायक लोक सूचना अधिकारी को चाहिए कि प्राधिकारियों के लिए आवेदकों के मौखिक अनुरोधों को स्वयं लिखें और उनके लिए ऐसा करना जरूरी भी हैं। अधिकारियों से इस संबंध में आवेदक पूरी सहायता भी ले सकता है।
- आवेदक किसी सामग्री का नमूना लेना चाहता है तो आवेदक को लोक सूचना अधिकारी को आवेदन देना चाहिए। फिर लोक सूचना अधिकारी उस सामग्री की लागत के बारे में आवेदक को बताएगा, जिसका शुल्क आवेदक को पहले जमा करना पड़ेगा। इसके बाद लोक सूचना अधिकारी आवेदक को उस सामग्री का नमूना देगा। अगर आवेदक को लगता है कि सामग्री के नमूने का शुल्क अधिक लिया गया है तो वह विभाग के प्रथम अपील प्राधिकारी को अपील कर सकता है।
- आवेदक को किसी अभिलेख या दस्तावेज की जांच करनी हो तो उसे आवेदन में यह साफ लिखना चाहिए कि किस साल या महीने से संबंधित अभिलेख या दस्तावेज की जांच करनी है। फिर लोक सूचना अधिकारी इसके लिए आवेदक को उचित दिन या तारीख के बारे में बता देगा। उस निश्चित दिन को आवेदक कर्मचारियों की मौजूदगी में अभिलेखों की जांच कर सकता है और चाहे तो अतिरिक्त शुल्क जमा कर उक्त अभिलेखों की फोटो कॉपी ले सकता है।
- नागरिक या आवेदक सूचना यानी जानकारी के स्थान पर विभाग की राय नहीं मांग सकता है। लोक सूचना अधिकारी किसी भी तरह की अपनी व्यक्तिगत राय नहीं दे सकता है क्योंकि अधिनियम के अनुसार किसी अधिकारी की दी गई राय सूचना नहीं हो सकती।
- लोक सूचना अधिकारी सूचना या नमूना नहीं दे पा रहा है तो आप जो निश्चित समय है तब तक प्रतीक्षा करें। जब समय-सीमा समाप्त हो जाए तो 30 दिनों के भीतर अपील जमा कर दें। आप प्राधिकारी के फैसले से सहमत नहीं हैं तो, 90 दिनों के अंदर सूचना आयोग के सामने अपील कर सकते हैं।

- अगर किसी आवेदक के मन में वांछित सूचना के विषय में सही सोच न हो तो उसे अधिकारियों से सलाह लेनी चाहिए ताकि उसे वांछित सूचना आसानी से प्राप्त हो सके।
- आवेदक को अपनी दर्ज कराई गई शिकायत के विषय में नतीजा जानने का पूरा अधिकार है और यह भी जानने का हक है कि यदि कोई नतीजा नहीं निकला तो मामला किस स्थिति में है। आवेदक उन दस्तावेजों, टिप्पणियों आदि का निरीक्षण कर सकता है, जिनकी प्रमाणित फोटो कॉपी उसने चाही है। विभाग बस इतना ही कर सकता है अतिरिक्त शुल्क ले सकता है।
- आवेदक को चाहिए कि वह उसी के तहत ही आवेदन करे, सूचना जिस एक्ट से संबंधित हो। अगर आवेदक को अदालत से कोई जानकारी हासिल करनी हो तो उसके लिए आवेदन संबंधित एक्ट के अंतर्गत ही होना चाहिए, तभी बात बन सकती है।

प्रथम अपील

आवेदक को 30 दिन या 48 घंटे की निश्चित समयावधि के अन्दर जानकारी नहीं दी जाती है या आवेदक मिली सूचना से सहमत नहीं है तो ऐसे में वह प्रथम अपील प्राधिकारी को अपील कर सकता है। यह अपील उस तारीख से 30 दिन की अवधि के अंदर की जानी चाहिए, जिस तारीख को सूचना देने की 30 दिनों की सीमा समाप्त हो रही है या उस तिथि से, जब केंद्रीय लोक सूचना अधिकारी की सूचना प्राप्त हुई थी।

लोक प्राधिकारी अपील जमा होने के 30 दिनों या 45 दिनों के अंदर अपील पर अपना फैसला सुना सकता है।

दूसरी अपील

आवेदक प्राधिकारी के आदेश से सहमत नहीं होता है तो वह प्रथम अपील के निर्णय की तारीख से 90 दिनों की अवधि के अंदर केंद्रीय सूचना आयोग के पास दूसरी अपील करता है।

अपील में ये बातें शामिल करें

1. अपीलकर्ता का पूरा नाम व पता।

2. उस केंद्रीय लोक सूचना अधिकारी का नाम और पता, जिसके फैसले के खिलाफ अपील की गई है।
3. उस आदेश की, जिसके खिलाफ अपील की गई है, संख्यांक, अगर कोई हो, सहित उसका पूरा ब्यौरा।
4. अपील तक पहुंचाने वाले मामले के तथ्य।
5. अपील समझी गई नामंजूरी के खिलाफ की गई है तो आवेदक का विवरण, आवेदन की तारीख, संख्या तथा केंद्रीय या राज्य लोक सूचना अधिकारी का नाम और पता, जिसको आवेदन किया गया था।
    - याचना या मांगी कई राहत या समाधान।
    - याचना या राहत के आधार या समाधान के आधार।
    - अपीलकर्ता द्वारा सत्यापन एवं
    - कोई दूसरी सूचना, जिसकी जरूरत आयोग को फैसला लेते समय पड़ सकती है।

अपील के साथ दस्तावेज भी

केंद्रीय सूचना आयोग को दी गई अपील में दस्तावेज भी नत्थी करना जरूरी है।

1. उन आदेशों या दस्तावेजों की प्रतियां, जिसके खिलाफ अपील आवेदक ने की है।
2. जिन पर आवेदक निर्भर रहा था, उन दस्तावेजों की प्रतियां तथा जिन्हें उसने अपील में दर्शाया है।
3. अपील में संदर्भित दस्तावेजों की सूची।

देखिए यह अधिनियम की धारा

धारा 19. (1) ऐसा कोई व्यक्ति, जिसे धारा 7 की उपधारा (1) या उपधारा (3) के खंड (क) में विनिर्दिष्ट समय के भीतर कोई विनिश्चय प्राप्त नहीं हुआ है या जो, यथास्थिति, केंद्रीय लोक सूचना अधिकारी या राज्य लोक सूचना अधिकारी के किसी विनिश्चिय से व्यथित है, उस अवधि की समाप्ति से या ऐसे किसी विनिश्चय की प्राप्ति से तीस दिनों के भीतर ऐसे अधिकारी को अपील कर सकेगा, जो प्रत्येक लोक प्राधिकरण में, यथस्थिति, केंद्रीय लोक सूचना अधिकारी या लोक सूचना अधिकारी की पंक्ति से ज्येष्ठ पंक्ति का है।

इन्हें भी जानें :

- पहली अपील जमा करने के लिए केन्द्र सरकार तथा ज्यादातर राज्य सरकारों ने कोई फॉर्म जारी नहीं किया है। हां, कुछ राज्यों में फॉर्म निर्धारित है जहां फॉर्म निर्धारित नहीं है, वहां सादे कागज पर अपीलकर्ता अपील कर सकता है।
- केंद्रीय सूचना आयोग को शिकायत या अपील की सुनवाई प्रारंभ होने से पहले उसकी पांच प्रतियां भेजनी चाहिए। ऐसा न होने पर अपीलकर्ता से पांच प्रतियां जमा करने का अनुरोध किया जाता है या अतिरिक्त शुल्क जमा करने का अनुरोध किया जाता है ताकि आयोग में अपीलकर्ता की अपील पर जरूरी कार्रवाई की जाये।
- वे सभी अपीलें, जिनकी संरचना केंद्रीय सूचना आयोग अधिनियम, 2005 के नियम के मुताबिक नहीं है या नियम 4 के मुताबिक संबंधित दस्तावेज सूचीबद्ध या खुद द्वारा प्रमाणित नहीं किए गए हैं तो वरिष्ठ अधिकारी का ऑर्डर लेकर उन्हें लौटाया जा सकता है।
- अधिकांश अपीलकर्ता यह जानना चाहते हैं कि क्या अपील जमा करने में देरी क्षमा योग्य हैं? तो वे ये जान लें कि अपील दाखिल करने में हुई देरी क्षमा की जा सकती है यदि अपील कर्ता अपील करने में हुई देरी का उचित व पर्याप्त कारण बताने में समर्थ है। अपीलकर्ता की बातें तथ्यपूर्ण लगने पर अपील प्राधिकारी देरी को माफ कर सकता है।

धारा 19(1) का परंतुक : परंतु ऐसा अधिकारी तीस दिन की अवधि की समाप्ति के पश्चात अपील को ग्रहण कर सकेगा, यदि उसका यह समाधान हो जाता है कि अपीलार्थी समय पर अपील फाइल करने में पर्याप्त कारण से निवारित किया गया था।

- कोई भी शिकायतकर्ता या अपीलकर्ता सीधे द्वितीय अपील प्राधिकारी के सामने अपनी अपील दायर नहीं कर सकता है। यहां पहुंचने से पहले प्रथम अपील दायर करना जरूरी है।
- दिल्ली के राष्ट्रीय राजधानी क्षेत्र के अपीलकर्ताओं को द्वितीय अपील केंद्रीय सूचना आयोग के समक्ष दायर करनी चाहिए। अपीलकर्ताओं

को अपील प्रक्रिया के दौरान किसी वकील की मदद लेने की जरूरत नहीं है। अगर अपीलकर्ता स्वयं हाजिर नहीं हो सकता तो किसी दूसरे व्यक्ति को इसके लिए नियुक्त कर सकता है।

अपील प्रक्रिया के दौरान अपीलकर्ता के अधिकार

- अपीलकर्ता संबंधित अधिकारी के माध्यम से मामले संबंधी अधिक ब्यौरे मंगवा सकता है।
- अपीलकर्ता संबंधित पक्षकारों से शपथ-पत्र लेकर उनसे लिखित या मौखिक सबूत ले सकता है।
- अपीलकर्ता तीसरे व्यक्ति का पक्ष सुन सकता है तथा केंद्रीय लोक सूचना अधिकारी, केंद्रीय सहायक लोक सूचना अधिकारी, ऐसे वरिष्ठ अधिकारी, जिसने पहली अपील पर निर्णय दिया था, ऐसा व्यक्ति जिसके विरुद्ध अपील की गई है या तीसरे व्यक्ति से शपथ पत्र पर साक्ष्य ले सकता है।
- अपीलकर्ता अभिलेखों, दस्तावेजों अथवा उनकी फोटों कॉपियों का निरीक्षण कर सकता है।
- अपीलकर्ता केंद्रीय लोक सूचना अधिकारी और राज्य लोक सूचना अधिकारी, केंद्रीय या राज्य सहायक लोक सूचना अधिकारी या प्रथम अपील प्राधिकारी या जिसके खिलाफ शिकायत की गई है का पक्ष सुन सकता है।
- सात दिन पहले शिकायतकर्ता को सुनवाई की तारीख का नोटिस मिल जाना चाहिए।

9

केंद्रीय सूचना आयोग का गठन

(1) केंद्र सरकार राजपत्रीय अधिसूचना द्वारा केंद्रीय सूचना आयोग का गठन करती है, जो ऐसे अधिकारों का इस्तेमाल और ऐसे कृत्यों का पालन करती है, जो उसे इस अधिनियम के तहत सौंपे जाते हैं।

(2) मुख्य केंद्रीय सूचना आयुक्त और अधिक से अधिक दस केंद्रीय सूचना आयुक्त आयोग में शामिल हो सकते हैं।

(3) मुख्य केंद्रीय सूचना आयुक्त और केंद्रीय सूचना आयुक्तों की नियुक्ति राष्ट्रपति द्वारा इनसे मिलकर बनी समिति की सिफारिश पर की जाती है।

- प्रधानमंत्री, जो समिति का अध्यक्ष होता है।
- लोकसभा में विपक्ष का नेता और प्रधानमंत्री द्वारा नामित संघ मंत्रिमंडल का एक मंत्री।

(4) केंद्रीय सूचना आयोग के कार्यों का साधारण अधीक्षण, निदेशन और प्रबंधन मुख्य सूचना आयुक्त के अधीन होता है, जिसकी सहायता सूचना आयुक्त करते हैं तथा वह ऐसे सभी अधिकारों का इस्तेमाल एवं ऐसे सभी कार्य तथा बात कर सकेगा, जिनका केंद्रीय सूचना आयोग द्वारा स्वतंत्र रूप से इस अधिनियम के अधीन किसी दूसरे प्राधिकारी के निर्देशों के अधीन रहे बिना इस्तेमाल किया जा सकता है।

(5) मुख्य सूचना आयुक्त तथा सूचना आयुक्त विधि, विज्ञान, एवं प्रौद्योगिकी, समाज सेवा, प्रबंध, पत्रकारिता, जनसंपर्क माध्यम या

प्रशासन और शासन का व्यापक ज्ञान तथा अनुभव रखने वाले जनजीवन में सिद्धहस्त व्यक्ति होने चाहिए।

(6) मुख्य सूचना आयुक्त या सूचना आयुक्त संसद का सदस्य या किसी राज्य या संघ राज्य क्षेत्र के विधान-मंडल का सदस्य नहीं हो सकता। वह किसी राजनैतिक दल का भी नहीं होगा या कोई व्यवसाय नहीं करेगा।

(7) केंद्रीय सूचना आयोग का मुख्यालय दिल्ली में है और केंद्रीय सूचना आयोग केंद्रीय सरकार के पूर्व अनुमोदन से भारत में दूसरे स्थानों में दफ्तर स्थापित कर सकता है।

कार्यकाल और सेवा शर्तें

1. मुख्य सूचना आयुक्त पांच वर्ष के लिए पद ग्रहण करता है और उसी पद के लिए दोबारा उसकी नियुक्ति नहीं होती है।
2. 65 वर्ष की आयु के बाद कोई व्यक्ति मुख्य सूचना आयुक्त का पद ग्रहण नहीं कर सकता।
3. मुख्य सूचना आयुक्त जिस तारीख से अपना पद ग्रहण करता है, पांच वर्ष की अवधि के लिए या अपनी आयु के पैंसठ वर्ष पूरे करने तक इनमें से जो भी पहले हो, अपने पद पर बना रहता है और मुख्य सूचना आयुक्त के रूप में दोबारा नियुक्ति उसकी नहीं होती है। लेकिन सूचना आयुक्त मुख्य सूचना आयुक्त के रूप में नियुक्ति का पात्र है।
4. मुख्य सूचना आयुक्त का वेतन वही होगा, जो मुख्य निर्वाचन आयुक्त का है।
5. सूचना आयुक्त का भी वेतन वही होगा, जो निर्वाचन आयुक्त का है।

राज्य सूचना आयोग का गठन

1. राज्य सरकार राजपत्रीय अधिसूचना द्वारा राज्य सूचना आयोग का गठन करती है।
2. राज्य सूचना आयोग में राज्य मुख्य सूचना आयुक्त सहित राज्यपाल द्वारा नामित दस राज्य सूचना आयुक्त नियुक्त किए जाते हैं।
3. राज्य मुख्य सूचना आयुक्त और राज्य सूचना आयुक्तों की नियुक्ति राज्यपाल द्वारा इनसे मिलकर बनी समिति की सिफारिश पर की जाती है।

4. मुख्यमंत्री, जो समिति का अध्यक्ष होता है, विधानसभा में विपक्ष का नेता और मुख्यमंत्री द्वारा नामित किया जाने वाला मंत्रिमंडल का सदस्य।
5. राज्य सूचना आयोग का मुख्यालय राज्य सरकार द्वारा सुझाए गए स्थान पर होता है। दूसरे कार्यालय राज्य सरकार के अनुमोदन से राज्य के दूसरे भागों में स्थापित होते हैं।
6. राज्य मुख्य सूचना आयुक्त और राज्य सूचना आयुक्त कानून, विज्ञान और प्रौद्योगिकी, समाज सेवा, प्रबंध, पत्रकारिता, जनसंपर्क माध्यम या प्रशासन तथा शासन में व्यापक ज्ञान और अनुभव रखने वाले समाज में विख्यात व्यक्ति होना चाहिए।
7. राज्य मुख्य सूचना आयुक्त या राज्य सूचना आयुक्त संसद का सदस्य या किसी राज्य या संघ राज्य क्षेत्र के विधान-मंडल का सदस्य नहीं होगा या कोई अन्य लाभ का पद ग्रहण नहीं करेगा या किसी राजनीतिक दल से संबद्ध नहीं होगा या कोई व्यवसाय नहीं करेगा।

कार्यकाल और सेवा शर्तें

1. राज्य मुख्य सूचना आयुक्त का कार्यकाल पांच वर्ष का होता है और उसकी उसी पद के लिए दोबारा नियुक्ति नहीं होती है।
2. प्रत्येक राज्य मुख्य सूचना आयुक्त पांच वर्ष की अवधि के लिए या पैंसठ वर्ष की आयु प्राप्त करने तक, इनमें से जो भी पहले हो, पदग्रहण करता है और दोबारा इस पद के लिए नियुक्त नहीं होता है।
3. राज्य मुख्य सूचना आयुक्त का वेतन एक निर्वाचन आयुक्त के वेतन के बराबर होता है।

सूचना आयोगों की शक्तियां और कार्य

केंद्रीय सूचना आयोग या राज्य सूचना आयोग को अधिनियम को सुचारू रूप से कार्यरूप में ढालने के लिए ढेर सारे प्रयत्न करने पड़ते हैं। आयोग शिकायत कर्ताओं और अपीलकर्ताओं की अपीलें/शिकायतें प्राप्त कर उनका निरीक्षण निष्पक्ष तरीके से करता है और उन पर अपने फैसले सुनाता है।

1. केंद्रीय सूचना आयोग या राज्य सूचना आयोग का कार्य है कि शिकायतों को प्राप्त कर उनका समाधान निकाले।

- लोक सूचना अधिकारी की नियुक्ति जहां नहीं हुई है, वहां उसकी नियुक्ति करें।
- आवेदक के अनुरोध करने पर भी सूचना नहीं दी गई हो या देने से इंकार कर दिया गया है तो उसका निरीक्षण करें।
- आवेदक को अपना अनुरोध का जवाब निश्चित समय के अंदर न मिला हो तो संबंधित अधिकारी से इसका कारण जानने का प्रयास करें।
- आवेदक की शिकायत हो कि लिया गया शुल्क वाजिब नहीं है तो उसकी अपील पर निरीक्षण कर फैसला सुनाए।
- आवेदक दी गई सूचना अपूर्ण या असत्य बताकर अपील करता है तो उस पर उचित कार्रवाई करें।
- आयोग को यह अधिकार है कि शिकायतों का ठोस आधार होने पर निरीक्षण का आर्डर दें।

2. आयोगों के पास दीवानी अदालत की भी शक्तियां हैं -

- आयोग दस्तावेजों का पता लगा सकता है और उनकी जांच को सहज एवं आसान बना सकता है।
- आयोग शपथ-पत्र पर साक्ष्य हासिल कर सकता है। अदालत या ऑफिस से सरकारी अभिलेख या फोटोकॉपियां भेजने का आदेश दे सकता है।
- किसी को भी आयोग हाजिर होने का नोटिस भेज सकता है तथा हाजिर होने के लिए दबाव डाल सकता है। इसके साथ ही दस्तावेज या अन्य चीजें उपलब्ध कराने से लेकर मौखिक या लिखित रूप में साक्ष्य देने के लिए मजबूर कर सकता है।
- सम्मन भेज सकता है गवाहों या दस्तावेजों की जांच के लिए।

3. आयोग अपील स्वीकार कर उन पर न्यायोचित निर्णय ले सकता है।

- केन्द्रीय सूचना आयोग या राज्य मुख्य सूचना आयोग के सामने सभी अभिलेखों (वे भी जिन्हें छूट प्राप्त है) को सुनवाई के दौरान जांच के लिए पेश किया जा सकता है।

4. लोक प्राधिकारी संबंधी शक्ति

- अभिलेखों के रखरखाव, देखभाल तथा नष्ट करने संबंधी तरीकों में आवश्यक परिवर्तन लाना।
- सूचनाओं को प्रकाशित करना।
- निर्धारित फॉर्म में सूचना प्राप्त कराना।
- कर्मचारियों को प्रशिक्षित करने की सुविधाओं में बढ़ोत्तरी करवाना।
- लोक प्राधिकारी से इस अधिनियम के लागू करने संबंधी सालाना रिपोर्ट मंगवाना।
- लोक सूचना अधिकारी या सहायक लोक सूचना अधिकारी जहां पर उपलब्ध नहीं हैं; लोक प्राधिकारी को वहां पर उनकी नियुक्ति के लिए निर्देश देना।
- लोक प्राधिकारी से उन आवेदकों को हानि या क्षति का मुआवजा दिलवाना, जिनकी किसी भी प्रकार की हानि या क्षति हुई है।
- अर्थ दंड निर्धारित करना या आवेदन स्वीकार न करना आदि।

आयोग के अधिकार

सूचना का अधिकार अधिनियम को प्रभावी ढंग से लागू करने के लिए लोक प्राधिकारी को यह आदेश दे सकता है सूचना आयोग :

1. आवेदन के मुताबिक सूचना निर्धारित प्रारूप में देना।
2. स्थिति के अनुसार राज्य सूचना अधिकारी या केंद्रीय लोक सूचना अधिकारी की नियुक्ति करना।
3. विशेष सूचनाओं या उनकी श्रेणी को प्रकाशित करना,
4. अभिलेखों की देखभाल, व्यवस्था तथा उन्हें नष्ट करने के तरीकों में आवश्यक बदलाव लाना,
5. कर्मचारियों को सूचना के अधिकार पर प्रशिक्षित करने संबंधी सुविधाओं में वृद्धि करना,
6. सूचना का अधिकार अधिनियम की धारा - 4 की उपधारा (1) के खंड (ख) के विधिवत पालन के लिए निश्चित की गई सालाना रिपोर्ट आयोग को भेजना।
7. आवेदन कर्ता को कोई नुकसान होने पर लोक प्राधिकारी से उसकी हानि की पूर्ति कराना भी आयोग की ही जिम्मेदारी है।

8. सजा के प्रावधानों को प्रभावी करने का अधिकार भी आयोग को है और आवेदन को नामंजूर करने का अधिकार भी आयोग के पास है।

आयोग के अधिकार क्षेत्र से विघटित

आयोग के अधिकार तो बहुत विस्तृत हैं, पर ऐसे भी कुछ मामले हैं, जो आयोग के अधिकार क्षेत्र में नहीं आते हैं।

- सरकारी नीतियां आयोग निर्देशित नहीं कर सकता।
- एल-1 को टेंडर अवार्ड देने का आर्डर पास करने संबंधी निर्देश देने का अधिकार आयोग के पास नहीं है।
- हाई कोर्ट के आदेश को चुनौती देने के लिए आयोग एक सही जगह नहीं है।
- वक्तव्यों के ठीक न होने या ठीक होने पर फैसले आयोग नहीं दे सकता।
- आयोग गणना का कार्य नहीं कर सकता।
- नियमों में संशोधन संबंधी आदेश आयोग नहीं दे सकता है।
- नियुक्तियों के मामले, आयोग के कार्यक्षेत्र से बाहर के कार्य हैं। स्थापना के मामले भी आयोग के कार्यक्षेत्र में नहीं आते हैं।

आयोग की सालाना रिपोर्ट

आयोग की सालाना रिपोर्ट से आशय है कि केंद्रीय सूचना आयोग तथा राज्य आयोग इस अधिनियम के अंतर्गत सालाना रिपोर्ट तैयार करते हैं, जिसमें पूरे साल भर की कार्यान्वित गतिविधियां होती हैं। केन्द्रीय सरकार केंद्रीय सूचना आयोग की रिपोर्ट को साल के बाद संसद के सामने प्रस्तुत करती है तथा राज्य सरकार राज्य सूचना आयोग की रिपोर्ट विधान सभा के सामने पेश करती है।

इस मामले में हर मंत्रालय या विभाग से अपेक्षित है कि वह अपने अधिकार क्षेत्र में आने वाले लोक प्राधिकरणों से रिपोर्ट तैयार करने के लिए सूचनाएं इकट्ठी करें तथा उसे सूचना आयोग को उपलब्ध कराएं।

आयोग की रिपोर्ट में दूसरी बातों के साथ-साथ उस साल के संबंध में निम्न सूचनाएं भी शामिल होती हैं -

1. प्रत्येक लोक प्राधिकरण से किए गए अनुरोधों की संख्या।
2. ऐसे निर्णयों की संख्या, जहां आवेदक आवेदन किए गए दस्तावेजों को प्राप्त करने के हकदार नहीं थे। कानून के प्रावधान जिनके अधीन ये

फैसले लिए गए तथा उन मौकों की संख्या जहां ऐसे प्रावधानों का इस्तेमाल किया गया।

3. अधिनियम को प्रभावी करने के संबंध में अधिकारियों के खिलाफ की गई अनुशासनिक कार्रवाई के ब्यौरे।
4. अधिनियम के अधीन हर लोक प्राधिकारी द्वारा वसूली गई रकम।
5. ऐसे मामले, जो अधिनियम को कार्यान्वित करने के लिए लोक प्राधिकारियों द्वारा किए गए किसी प्रयत्न को दर्शाएं।
6. हर लोक प्राधिकारी को साल के अंत में जरूरी सामग्री अपने प्रशासनिक मंत्रालय/विभाग को भेज देनी चाहिए ताकि मंत्रालय/विभाग उसे सूचना आयोग को भेज सके तथा अयोग इसे अपनी रिपोर्ट में शामिल कर सके।

इन्हें भी जानें

- सिविल प्रक्रिया संहिता के तहत सबूत और अभिलेख मंगवाने के लिए आयोग से कोई व्यक्ति अनुरोध कर सकता है। आवेदक दस्तावेजों की जांच तथा खोज, किसी दफ्तर से अभिलेख या उनकी फोटों कापियां मंगाने के लिए भी आग्रह कर सकता है।
- आयोग के पास अधिकारियों की नियुक्ति का आदेश देने का अधिकार है। किसी संगठन ने लोक सूचना अधिकारी की बहाली नहीं की है तो कोई भी व्यक्ति आयोग से उसकी नियुक्ति की मांग कर सकता है।
- आयोग के पास जुर्माना लगाने का भी अधिकार है। वह सूचना देने में देरी के लिए सूचना अधिकारी पर रोजाना के रुपए 250 की दर से 25 हजार रुपए तक जुर्माना लगा सकता है।
- अगर किसी अधिकारी ने इस अधिनियम के प्रावधानों का सही ढंग से पालन नहीं किया है तो आवेदक उस अधिकारी पर जुर्माना लगाने की मांग कर सकता है।
- आयोग के माध्यम से कोई भी व्यक्ति अपनी शिकायतों का समाधान नहीं करवा सकता है। सूचना और शिकायत दो अलग-अलग मामले हैं।

10

लोक प्राधिकारियों के दायित्व

सूचना का अधिकार अधिनियम 2005 के प्रावधानों के तहत रहते हुए सभी नागरिकों को सूचना का अधिकार है।

1. प्रत्येक लोक प्राधिकारी को अपने सभी अभिलेखों को व्यवस्थित तरीके से और क्रमबद्ध रूप में रखना चाहिए और यह सुनिश्चित करना चाहिए कि ऐसे सभी अभिलेख जो कम्प्यूटरीकृत किए जाने के लिए उपलब्ध हैं, निर्धारित समय के अंदर और संसाधनों की उपलब्धता के अधीन रहते हुए, कम्पयूटरीकृत तथा विविध प्रणालियों पर संपूर्ण देश में नेटवर्क के जरिए जुड़े हुए हैं, जिससे ऐसे अभिलेखों तक पहुंच सबके लिए आसान हो जाए ।
2. इस अधिनियम के अधिनियमन से एक सौ बीस दिन के अंदर -

- अपने संगठन की विशेषताएं, कार्य और कर्त्तव्य
- अपने अधिकारियों और कर्मचारियों की शक्तियां और कर्त्तव्य,
- विनिश्चय करने की प्रक्रिया में पालन की जाने वाली प्रक्रिया, जिसमें पर्यवेक्षण और उत्तरदायित्व के माध्यम शामिल हैं,
- अपने कार्यों के निवर्हन के लिए स्वयं द्वारा निर्धारित मापमान,
- अपने कर्मचारियों द्वारा अपने कार्यों के निवर्हन के लिए इस्तेमाल किए गए नियम, विनियम अनुदेश, निर्देशिका और अभिलेख,
- ऐसे दस्तावेजों के, जो उनके नियंत्रणाधीन हैं, प्रवर्गों का विवरण
- किसी व्यवस्था की विशिष्टियां, जो उसकी नीति की संरचना या उसके कार्यान्वयन के संबंध में जनता के सदस्यों से परामर्श के लिए

या उनके द्वारा अभ्यावेदन के लिए मौजूद हैं।

- ऐसे बोर्डों, परिषदों, समितियों तथा दूसरे निकायों के, जिनमें दो या अधिक व्यक्ति हैं, जिनका उसके भाग रूप में या इस बारे में सलाह देने के प्रयोजन के लिए गठन किया गया है तथा इस बारे में क्या उन बोर्डों, परिषदों, समितियों और दूसरे निकायों की बैठक जनता के लिए खुली होगी या ऐसी बैठकों के कार्यरूप तक जनता की पहुंच होगी,
- अपने अधिकारियों और कर्मचारियों की निर्देशिका,
- अपने प्रत्येक अधिकारी और कर्मचारी द्वारा प्राप्त मासिक पारिश्रमिक, जिसके तहत प्रतिकर की प्रणाली भी है, जो उसके अधिनियमों में यथा उपबंधित हो,
- सभी योजनाओं, प्रस्तावित व्ययों और किए गए संवितरणों पर रिपोर्टों की विशिष्टियां उपदर्शित करते हुए अपने प्रत्येक अभिकरण को आबंटित बजट,
- सहायिकी कार्यक्रमों के निष्पादन की रीति, जिसमें आबंटित राशि और ऐसे कार्यक्रमों के फायदा ग्राहियों के विवरण शामिल हैं,
- अपने द्वारा अनुदत्त रियायतों, अनुज्ञापत्रों या प्राधिकारों के प्राप्तिकर्ताओं की विशिष्टियां,
- किसी इलेक्ट्रॉनिक रूप में सूचना के संबंध में विवरण, जो उसको उपलब्ध हों या उसके द्वारा धारित हों,
- सूचना अभिप्राप्त करने के लिए नागरिकों को उपलब्ध सुविधाओं की विशिष्टियां, जिनमें किसी पुस्तकालय के, यदि लोक उपयोग के लिए अनुरक्षित हैं, तो कार्यकरण घण्टे शामिल हैं,
- लोक सूचना अधिकारियों के नाम, पदनाम और अन्य विशिष्टियां,
- ऐसी अन्य सूचना, जो विहित की जाए, प्रकाशित करेगा और उसके बाद इन प्रकाशनों को हर वर्ष में अद्यतन करेगा,
- महत्वपूर्ण नीतियों की विवेचना करते समय या ऐसे विनिश्चियों की घोषणा करते समय, जो जनता को प्रभावित करते हों, सभी सुसंगत तथ्यों को प्रकाशित करेगा,
- प्रभावित व्यक्तियों को अपने प्रशासनिक या न्यायायिक कल्प विनिश्चयों के लिए कारण उपलब्ध कराएगा।

3. प्रत्येक लोक अधिकारी का निरंतर यह प्रयत्न होगा कि वह उपधारा

(1) के खंड (ख) की उपेक्षाओं के अनुसार स्वप्रेरणा से, जनता को नियमित अंतरालों पर संसूचना के विभिन्न साधनों के माध्यम से, जिनके तहत इंटरनेट भी है, इतनी अधिक सूचना उपलब्ध कराने के लिए उपाय करे, जिससे जनता को सूचना प्राप्त करने के लिए इस अधिनियम का कम से कम सहारा लेना पड़े।

4. उपधारा (5) के प्रयोजन के लिए प्रत्येक सूचना को विस्तृत रूप से और ऐसे प्रारूप और रीति में प्रसारित किया जाएगा, जो जनता के लिए सहज रूप में पहुंच योग्य हो।

5. सभी सामग्री को, लागत प्रभावशीलता, स्थानीय भाषा और उस क्षेत्र में संसूचना की अत्यंत प्रभावी पद्धति को ध्यान में रखते हुए प्रसारित किया जाएगा तथा सूचना यथा स्थिति केन्द्रीय लोक सूचना अधिकारी या राज्य सूचना अधिकारी के पास इलेक्ट्रॉनिक रूप में संभव सीमा तक निःशुल्क या माध्यम की ऐसी लागत पर या ऐसी मुद्रण लागत कीमत पर, जो विहित की जाए, सहज रूप से पहुंच योग्य होनी चाहिए।

इन्हें भी जानें

- सभी लोक प्राधिकारियों के लिए उपरोक्त सभी सूचनाओं को सालाना आधार पर अद्यतन करना और उन्हें इंटरनेट सहित विविध माध्यमों से जनता तक पहुंचाना अनिवार्य है।
- शोध से संबंधित सूचनाएं जनता के सामने रखी जा सकती है क्योंकि ये सूचनाएं जनहित से जुड़ी हुई होती हैं।
- सभी मंत्रालयों और विभागों को सलाह दी गई है कि वे सभी केन्द्रीय लोक सूचना अधिकारियों और अपील प्राधिकारियों के ई-मेल/संपर्क पते अनिवार्य प्रकटन के भाग के रूप में वेबसाइट पर प्रदर्शित करें। उनसे यह भी कहा गया है कि आधार-सामग्री को अद्यतन बनाए रखें।

बिना मांगे ये सूचनाएं लोक प्राधिकारी को देना चाहिए। यह उनका दायित्व बनता है।

- लोक प्राधिकारियों के संगठन कार्य और कर्तव्यों के ब्यौरे।
- अधिकारियों और कर्मचारियों की शक्तियां और कर्तव्य निर्णय लेने की प्रक्रिया में अपनाई गई पद्धति।
- कार्यचालन व कार्य के निपटारे के लिए निर्धारित मानक।

- लोक प्राधिकारियों द्वारा पालन किए जा रहे नियम, विनियम, निर्देश आदि।
- लोक प्राधिकारियों द्वारा रखे गए दस्तावेजों का ब्योरा।
- नीति–निर्धारण में जन प्रतिनिधियों से सलाह–मशविरा।
- एक लोक प्राधिकारी के अधीन कार्यरत बोर्ड, कौंसिलों और कमेंटियों से संबंधित ब्यौरे।
- अधिकारियों और कर्मचारियों की निर्देशिका।
- अधिकारियों व स्टाफ का मासिक वेतन।
- बजट के ब्योरे तथा सब्सिडी कार्यक्रमों का निष्पादन।
- रियायतें (छूट), परमिट आदि पाने वाले व्यक्तियों का ब्यौरा।
- इलेक्ट्रॉनिक स्वरूप में रखे गए अभिलेखों का ब्यौरा।
- सरकार द्वारा नागरिकों को दी गई सुविधाओं का ब्यौरा

लोक सूचना अधिकारियों का ब्यौरा तथा अन्य सूचनाएं और मैन्युअलों का हर वर्ष अद्यतन किया जाना आदि सब सूचना बिना मांगे ही लोक प्राधिकारियों को देना होता है।

11

दोषी अधिकारियों पर जुर्माने की भी व्यवस्था

सूचना का अधिकार अधिनियम सुचारू रूप से लागू हो और उसका पालन अधिकारी, प्राधिकारी ईमानदारी से करें, इस तथ्य को नजर में रखते हुए दण्ड का भी प्रावधान है। केन्द्रीय लोक सूचना अधिकारी या राज्य लोक सूचना अधिकारी ने किसी ठोस कारण के बिना सूचना के लिए कोई आवेदन लेने से इंकार किया है या धारा 7 की उपधारा (1) के अधीन सूचना के लिए अनुरोध से इंकार किया है या जान-बूझकर गलत, अपूर्ण या भ्रामक सूचना दी है या उस सूचना को नष्ट कर दिया है, जो अनुरोध का विषय थी या किसी रीति से सूचना देने में बाधा उत्पन्न की है तो वह ऐसे प्रत्येक दिन के लिए जब तक आवेदन प्राप्त किया जाता है, या सूचना दी जाती है, 250 रुपए का जुर्माना या दंड अधिरोपित करेगा।

जुर्माने की छड़ी के डर से गलत सूचना देने, आवेदकों को टरकाने या उनके आवेदन को अस्वीकृत कर देने जैसी सोच में कमी आई है और अधिकारी आवेदकों को सही सूचनाएं देने का हर सम्भव प्रयास करने लगे हैं।

दंड-प्रणाली - (1) जहां किसी शिकायत या अपील का विनिश्चय करते समय, यथास्थिति, केंद्रीय सूचना आयोग या राज्य सूचना आयोग की यह राय है कि यथास्थिति, केंद्रीय लोक सूचना अधिकारी या राज्य लोक सूचना अधिकारी ने किसी युक्तियुक्त कारण के बिना सूचना के लिए कोई आवेदन प्राप्त करने से इंकार किया है या धारा 7 की उपधारा (1) के अधीन सूचना के लिए विनिर्दिष्ट समय के भीतर सूचना नहीं दी है या असद्‌भावपूर्वक सूचना

के लिए अनुरोध से इनकार किया है या जान बूझकर गलत? अपूर्ण या भ्रामक सूचना दी है या उस सूचना को नष्ट कर दिया है, जो अनुरोध का विषय थी या किसी रीति से सूचना देने में बाधा डाली है, तो वह ऐसे प्रत्येक दिन के लिए, जब तक आवेदन प्राप्त किया जाता है या सूचना दी जाती है 250 रुपए का जुर्माना (या दंड) अधिरोपित करेगा, तथापि, ऐसे जुर्माने की कुल रकम 25 हजार रुपए से अधिक नहीं होगी

परंतु यथास्थिति, केंद्रीय लोक सूचना अधिकारी या राज्य लोक सूचना अधिकारी को, उस पर कोई जुर्माना अधिरोपित किए जाने के पूर्व सुनवाई का युक्तियुक्त अवसर दिया जाएगा –

परंतु यह और कि यह साबित करने का भार कि उसे युक्तियुक्त रूप से और तत्परतापूर्वक कार्य किया है, यथास्थिति, केंद्रीय लोक सूचना अधिकारी या राज्य लोक सूचना अधिकारी पर होगा।

इन्हें भी जानें

- सूचना का अधिकार अधिनियम के अंतर्गत सूचना का समय समाप्त होने के बाद आयोग को ऐसे हर दिन के लिए 250 रुपए का जुर्माना लगाने का अधिकार है। इस जुर्माने की कुल राशि 25 हजार से अधिक नहीं होती।
- केन्द्रीय या राज्य सूचना अयोग दोषी सूचना अधिकारी पर जुर्माना लगाता है। बिना ठोस वजह के आवेदन लेने से मना करना या निर्धारित अवधि के अंदर सूचना प्राप्त न करवाना या जानबूझकर आवेदन अस्वीकृत कर देना या गलत सूचना देना या आवेदन नष्ट कर देना या सूचना को देने में अड़चन उत्पन्न करना आदि सब बातों के चलते आयोग अधिकारी पर जुर्माना लगाता है।
- जुर्माना लगाने से पहले लोक सूचना अधिकारी को अपना पक्ष रखने का मौका आयोग देता है, फिर दोषी ठहराये जाने पर जुर्माना लगाया जाता है।
- जहां किसी शिकायत या अपील का विनिश्चय करते समय, यथास्थिति, केंद्रीय सूचना आयोग या राज्य सूचना आयोग की यह राय है कि यथास्थिति, केंद्रीय लोक सूचना अधिकारी या राज्य लोक

सूचना अधिकारी, किसी युक्तियुक्त कारण के बिना और लगातार सूचना के लिए कोई आवेदन प्राप्त करने में असफल रहा है या उसने धारा 7 की उपधारा (1) के अधीन विनिर्दिष्ट समय के अंदर सूचना नहीं दी है या असद्भावपूर्वक सूचना के लिए अनुरोध से इनकार किया है या जान-बूझकर गलत, अपूर्ण या भ्रमक सूचना दी है या ऐसी सूचना को नष्ट कर दिया है, जो अनुरोध का विषय थी या किसी रीति से सूचना देने में बाधा डाली है वहां वह यथास्थिति, ऐसे केंद्रीय लोक सूचना अधिकारी या राज्य लोक सूचना अधिकारी के विरुद्ध उसे लागू सेवा नियमों के अधीन अनुशासनिक कार्रवाई के लिए सिफारिश करेगा।

- सूचना अधिकारी ने पूरी ईमानदारी से कार्य किया, यह साबित करने की जिम्मेदारी उक्त अधिकारी की ही होती है और इसका भार भी उस पर ही होता है। आवेदक का इस तरह की जिम्मेदारी से कोई सरोकार नहीं होता है।
- केंद्रीय और राज्य सरकारों द्वारा जारी विविध अधिसूचनाओं को संसद तथा राज्य विधानसभा के सामने रखा जा सकता है और इन पर बहस भी हो सकती है।

12

सूचना का अधिकार कानून, 2005

(2005 का अधिनियम संख्यांक 22)

(15 जून, 2005)

प्रत्येक लोक प्राधिकारी के कार्यकरण में पारदर्शिता और उत्तरदायित्व के संवर्धन के लिए, लोक प्राधिकारियों के नियंत्रणाधीन सूचना तक पहुंच सुनिश्चित करने के लिए नागरिकों के सूचना के अधिकार की व्यावहारिक शासन पद्धति स्थापित करने, एक केंद्रीय सूचना आयोग तथा राज्य सूचना आयोग का गठन करने और उनसे संबंधित या उनसे आनुषंगिक विषयों का उपबंध करने के लिए अधिनियम।

प्रारंभिक

(1) इस अधिनियम का नाम सूचना का अधिकार अधिनियम 2005 है।

(2) इसका विस्तार जम्मू-कश्मीर राज्य को छोड़कर संपूर्ण भारत पर है।

(3) धारा 4 की उपधारा (1), धारा 5 की उपधारा (1) और उपधारा (2), धारा 12, 13, 15, 16, 24, 27 और धारा 28 तारीख 15 जून, 2005 से प्रभावी और इस अधिनियम के शेष उपबंध 12 अक्टूबर, 2005 से लागू हुए।

परिभाषाएं

इस अधिनियम में, जब तक कि संदर्भ से अन्यथा अपेक्षित न हो

(क) 'समुचित सरकार' से किसी ऐसे लोक प्राधिकरण के संबंध में जो -

(i) केंद्रीय सरकार या संघ राज्यक्षेत्र द्वारा स्थापित, गठित, उसके स्वामित्वाधीन, नियंत्रणाधीन या उसके द्वारा प्रत्यक्ष रूप से या अप्रत्यक्ष रूप से उपलब्ध कराई गई निधियों द्वारा पूर्णतया वित्त-पोषित किया जाता है, केंद्रीय सरकार अभिप्रेत है ;

(ii) राज्य सरकार द्वारा स्थापित, गठित उसके स्वामित्वाधीन, नियंत्रणाधीन या उसके द्वारा प्रत्यक्ष रूप से अथवा अप्रत्यक्ष रूप से उपलब्ध कराई गई निधियों द्वारा पूर्णतया वित्त-पोषित किया जाता है, राज्य सरकार अभिप्रेत है;

(ख) 'केंद्रीय सूचना आयोग' से धारा 12 की उपधारा (1) के अनुसार गठित केंद्रीय सूचना आयोग अभिप्रेत है;

(ग) 'केंद्रीय लोक सूचना' अधिकारी से उपधारा (1) के अधीन पदाभिहित केंद्रीय लोक सूचना अधिकारी अभिप्रेत है और इसके अंतर्गत धारा 5 की उपधारा (2) के अधीन इस प्रकार पदाभिहित कोई केंद्रीय सहायक लोक सूचना अधिकारी भी है;

(घ) 'मुख्य सूचना आयुक्त' और 'सूचना आयुक्त' से धारा 12 की उपधारा (3) के अधीन नियुक्त मुख्य सूचना आयुक्त और सूचना आयुक्त अभिप्रेत है;

(ङ) 'सक्षम प्राधिकारी' से अभिप्रेत है

(i) लोकसभा या किसी राज्य की विधानसभा की या किसी ऐसे संघ राज्यक्षेत्र की, जिसमें ऐसी सभा है, स्थिति में अध्यक्ष और राज्यसभा या किसी राज्य की विधान परिषद् की स्थिति में सभापति;

(ii) उच्चतम न्यायालय की स्थिति में भारत का मुख्य न्यायमूर्ति;

(iii) किसी उच्च न्यायालय की स्थिति में उच्च न्यायालय का मुख्य न्यायमूर्ति;

(iv) संविधान द्वारा अथवा उसके अधीन स्थापित या गठित अन्य प्राधिकरणों की स्थिति में, यथास्थिति, राष्ट्रपति या राज्यपाल;

(v) संविधान के अनुच्छेद 239 के अधीन नियुक्त प्रशासक;

(च) 'सूचना' से किसी इलेक्ट्रॉनिक रूप में धारित अभिलेख, दस्तावेज, ज्ञापन, ई-मेल, मत, सलाह, प्रेस विज्ञप्ति, परिपत्र, आदेश, लॉगबुक, संविदा, रिपोर्ट, कागज-पत्र, नमूने, मॉडल, आंकड़ों संबंधी सामग्री और किसी प्राइवेट निकाय से संबंधित ऐसी सूचना सहित, जिस तक तत्समय प्रवृत्त किसी अन्य विधि के अधीन किसी लोक प्राधिकारी की पहुंच हो सकती है, किसी रूप में कोई सामग्री, अभिप्रेत है;

(छ) 'विहित' से यथास्थिति, समुचित सरकार या सक्षम प्राधिकारी द्वारा अधिनियम के अधीन बनाए गए नियमों द्वारा विहित अभिप्रेत है;

(ज) 'लोक प्राधिकारी' से तात्पर्य किसी ऐसे प्राधिकारी या निकाय या स्वशासित संस्था से है, जिसकी स्थापना या गठन;

(क) संविधान द्वारा या उसके अधीन;

(ख) संसद द्वारा बनाई गई किसी अन्य विधि द्वारा;

(ग) राज्य विधान-मंडल द्वारा बनाई गई किसी अन्य विधि द्वारा

(घ) समुचित सरकार द्वारा जारी की गई अधिसूचना या किए गए आदेश द्वारा स्थापित या गठित कोई प्राधिकारी या निकाय अथवा स्वायत्त सरकारी संस्था अभिप्रेत है;

और इसके अंतर्गत -

(i) कोई ऐसा निकाय है, जो केंद्रीय सरकार के स्वामित्वाधीन, नियंत्रणाधीन अथवा उसके द्वारा प्रत्यक्ष या अप्रत्यक्ष रूप से उपलब्ध कराई गई निधियों द्वारा वित्त-पोषित है;

(ii) कोई ऐसा गैर-सरकारी संगठन है, जो समुचित सरकार द्वारा प्रत्यक्ष या अप्रत्यक्ष रूप से उपलब्ध कराई गई निधियों द्वारा वित्त-पोषित है।

(झ) 'अभिलेख' में निम्नलिखित सम्मिलित हैं -

(i) कोई दस्तावेज, पांडुलिपि और फाइल;

(ii) किसी दस्तावेज की कोई माइक्रोफिल्म, माइक्रोफिश या प्रतिकृति प्रति;

(iii) ऐसी माइक्रोफिल्म में सन्निविष्ट प्रतिबिंब या प्रतिबिंबों का पुनरुत्पादन (चाहे वर्धित रूप में हो या न हो); और

(iv) किसी कंप्यूटर द्वारा या किसी अन्य युक्ति द्वारा उत्पादित कोई अन्य सामग्री;

(ञ) 'सूचना का अधिकार' से इस अधिनियम के अधीन पहुंच ने

योग्य सूचना का, जो किसी लोक प्राधिकारी द्वारा या उसके नियंत्रणाधीन धारित है, अधिकार अभिप्रेत है और जिसमें निम्नलिखित का अधिकार सम्मिलित है -

(i) कृति, दस्तावेजों, अभिलेखों का निरीक्षण;

(ii) दस्तावेजों या अभिलेखों के टिप्पणी, उद्धरण या प्रमाणित प्रतिलिपि लेना;

(iii) सामग्री के प्रमाणित नमूने लेना;

(iv) डिस्केट, फ्लॉपी, टेप, वीडियो कैसेट के रूप में या किसी अन्य इलेक्ट्रॉनिक रीति में या प्रिंट आउट के माध्यम से सूचना को, जहां ऐसी सूचना किसी कंप्यूटर या किसी अन्य युक्ति में भंडारित है, अभिप्राप्त करना;

(ट) 'राज्य सूचना आयोग' से धारा 15 की उपधारा (1) के अधीन गठित राज्य सूचना अयोग अभिप्रेत है;

(ठ) 'राज्य मुख्य सूचना आयुक्त' और 'राज्य सूचना आयुक्त' से धारा 15 की उपधारा (3) के अधीन नियुक्त राज्य मुख्य सूचना आयुक्त और राज्य सूचना आयुक्त अभिप्रेत है;

(ड) 'राज्य लोक सूचना अधिकारी' से उपधारा (1) के अधीन पदाभिहित राज्य लोकसूचना अधिकारी अभिप्रेत है और इसके अंतर्गत धारा 5 की उपधारा (2) के अधीन उस रूप में पदाभिहित राज्य सहायक लोक सूचना अधिकारी भी है;

(ढ) 'पर व्यक्ति' से सूचना के लिए अनुरोध करने वाले नागरिक से भिन्न कोई व्यक्ति अभिप्रेत है और इसके अंतर्गत कोई लोक प्राधिकारी भी है।

सूचना का अधिकार

इस अधिनियम के उपबंधों के अधीन रहते हुए सभी नागरिकों को सूचना का अधिकार होगा।

लोक प्राधिकारियों के दायित्व

(1) प्रत्येक लोक प्राधिकारी -

(क) अपने सभी अभिलेखों को सम्यक् रूप से सूची-पत्रित और अनुक्रमणिकाबद्ध ऐसी रीति और रूप में रखेगा, जो इस अधिनियम के अधीन सूचना के अधिकार को आसान बनाता है और सुनिश्चित करेगा कि ऐसे सभी

अभिलेख, जो कंप्यूटरीकृत किए जाने के लिए समुचित हैं, युक्तियुक्त समय के भीतर और संसाधनों की उपलब्धता के अधीन रहते हुए, कंप्यूटरीकृत और विभिन्न प्रणालियों पर संपूर्ण देश में नेटवर्क के माध्यम से संबद्ध हैं, जिससे कि ऐसे अभिलेख तक पहुंच को आसान बनाया जा सके;

(ख) इस अधिनियम के अधिनियमन से एक सौ बीस दिन के भीतर–

(1) अपने संगठन की विशिष्टियां, कृत्य एवं कर्तव्य ;

(2) अपने अधिकारियों और कर्मचारियों की शक्तियां एवं कर्तव्य;

(3) विनिश्चय करने की प्रक्रिया में पालन की जाने वाली प्रक्रिया, जिसमें पर्यवेक्षण और उत्तरदायित्व के माध्यम सम्मिलित हैं;

(4) अपने कृत्यों के निर्वहण के लिए स्वयं द्वारा स्थापित मापदंड;

(5) अपने द्वारा या अपने नियंत्रणाधीन धारित या अपने कर्मचारियों द्वारा अपने कृत्यों के निर्वहण के लिए प्रयोग किए गए नियम, विनियम, अनुदेश, निर्देशिका और अभिलेख;

(6) ऐसे दस्तावेजों के, जो उसके द्वारा धाारित या नियंत्राधीन हैं, प्रवर्गों का विवरण;

(7) किसी व्यवस्था की विशिष्टियां, जो उसकी नीति की सरंचना या उसके कार्यान्वयन के संबंध में जनता के सदस्यों से परामर्श के लिए या उनके द्वारा अभ्यावेदन के लिए विद्यमान है;

(8) ऐसे बोर्डों, परिषदों, समितियों और अन्य निकायों के, जिनमें दो या दो से अधिक व्यक्ति हैं, जिनका उसके भाग रूप में या इस बारे में सलाह देने के प्रयोजन के लिए गठन किया गया है और इस बारे में कि क्या उन बोर्डों, परिषदों, समितियों और अन्य निकायों की बैठकें जनता के लिए खुली होंगी या ऐसी बैठकों के कार्यवृत्त तक जनता की पहुंच होगी, विवरण;

(9) अपने अधिकारियों और कर्मचारियों की निर्देशिका;

(10) अपने प्रत्येक अधिकारी और कर्मचारी द्वारा प्राप्त मासिक पारिश्रमिक, जिसके अंतर्गत प्रतिकर की प्रणाली भी है, जो उसके विनियमों में यथाउपबंधित हो,

(11) सभी योजनाओं, प्रस्तावित व्ययों और किए गए संवितरणों पर रिपोर्टों की विशिष्टियां उपदर्शित करते हुए अपने प्रत्येक अभिकरण को आबंटित बजट;

(12) सहायिकी कार्यक्रमों के निष्पादन की रीति जिसमें आबंटित राशि और ऐसे कार्यक्रमों के लाभग्राहियों के ब्यौरे सम्मिलित हैं;

(13) अपने द्वारा अनुदत्त रियायतों, अनुज्ञा-पत्रों या प्राधिकारों के प्राप्तिकर्ताओं की विशिष्टियां;

(14) किसी इलेक्ट्रॉनिक रूप में सूचना के संबंध के ब्यौरे, जो उसे उपलब्ध हों या उसके द्वारा धारित हों;

(15) सूचना अभिप्राप्त करने के लिए नागरिकों को उपलब्ध सुविधाओं की विशिष्टियां, जिनमें किसी पुस्तकालय या वाचन कक्ष के, यदि लोक उपयोग के लिए अनुरक्षित हैं तो कार्यकरण घंटे सम्मिलित हैं;

(16) लोक सूचना अधिकारियों के नाम, पदनाम और अन्य विशिष्टियां;

(17) ऐसी अन्य सूचना, जो विहित की जाए;

प्रकाशित करेगा और तत्पश्चात् इन प्रकाशनों को प्रत्येक वर्ष में अद्यतन करेगा;

(ग) महत्वपूर्ण नीतियों की विरचना करते समय या ऐसे विनिश्चयों की घोषणा करते समय, जो जनता को प्रभावित करते हों, सभी सुसंगत तथ्यों को प्रकाशित करेगा;

(घ) प्रभावित व्यक्तियों को अपने प्रशासनिक या न्यायिक-कल्प विनिश्चयों के लिए कारण उपलब्ध कराएगा;

(2) प्रत्येक लोक अधिकारी का निरंतर यह प्रयास होगा कि वह उपधारा (1) के खंड (ख) की अपेक्षाओं के अनुसार, स्वप्रेरणा से, जनता को नियमित अंतरालों पर संसूचना के विभिन्न साधनों के माध्यम से, जिनके अंतर्गत इंटरनेट भी है, इतनी अधिक सूचना उपलब्ध कराने के लिए उपाय करे, जिससे कि जनता को सूचना प्राप्त करने के लिए इस अधिनियम का कम-से-कम अवलंब लेना पड़े।

(3) उपधारा (1) के प्रयोजन के लिए, प्रत्येक सूचना को विस्तृत रूप से और ऐसे प्रारूप एवं रीति में प्रसारित किया जाएगा, जो जनता के लिए सहज रूप से पहुंच योग्य हो।

(4) सभी सामग्री को लागत प्रभावशीलता, स्थानीय भाषा और उस क्षेत्र में संसूचना की अत्यंत प्रभावी पद्धति को ध्यान में रखते हुए प्रसारित किया जाएगा तथा सूचना, यथास्थिति केंद्रीय लोक सूचना अधिकारी या राज्य सूचना अधिकारी के पास इलेक्ट्रॉनिक रूप में संभव सीमा तक निःशुल्क या माध्यम

की ऐसी लागत पर या ऐसी मुद्रण लागत कीमत पर, जो विहित की जाए, सहज रूप से पहुंच योग्य होनी चाहिए।

स्पष्टीकरण –उपधारा (3) और उपधारा (4) के प्रयोजनों के लिए, 'प्रसारित' से सूचना-पट्टों, समाचार-पत्रों, लोक उद्घोषणाओं, मीडिया प्रसारणों, इंटरनेट या किसी अन्य माध्यम से, जिसमें किसी लोक प्राधिकारी के कार्यालयों का निरीक्षण सम्मिलित है, जनता को सूचना की जानकारी देना या संसूचित कराना अभिप्रेत है।

लोक सूचना अधिकारियों को मनोनीत करना

(1) प्रत्येक लोक प्राधिकारी - इस अधिनियम के अधिनियमन के सौ दिन के अंदर सभी प्रशासनिक एककों या उसके अधीन कार्यालयों में - यथास्थिति, केंद्रीय लोक सूचना अधिकारियों या राज्य सूचना अधिकारियों के रूप में उतने अधिकारियों को अभिहित करेगा, जितने इस अधिनियम के अधीन सूचना के अनुरोध करने वाले व्यक्तियों को सूचना प्रदान करने के लिए आवश्यक हों।

(2) उपधारा (1) के उपबंधों पर प्रतिकूल प्रभाव डाले बिना, प्रत्येक लोक प्राधिकारी, इस अधिनियम के अधिनियमन के सौ दिन के भीतर किसी अधिकारी को प्रत्येक उप-मंडल स्तर या अन्य उप-जिला स्तर पर, यथास्थिति, केंद्रीय सहायक लोक सूचना अधिकारी या किसी राज्य सहायक लोक सूचना अधिकारी के रूप में इस अधिनियम के अधीन सूचना के लिए आवेदन या अपील प्राप्त करने और उसे तत्काल, यथास्थिति, केंद्रीय लोक सूचना अधिकारी या राज्य लोक सूचना अधिकारी या धारा 19 की उपधारा (1) के अधीन विनिर्दिष्ट वरिष्ठ अधिकारी या केंद्रीय सूचना आयोग अथवा राज्य सूचना आयोग को भेजने के लिए, पदाभिहित करेगा -

परंतु यह कि जहां सूचना या अपील के लिए आवेदन यथास्थिति किसी केंद्रीय सहायक लोक सूचना अधिकारी या किसी राज्य सहायक लोक सूचना अधिकारी को दिया जाता है वहां धारा 7 की उपधारा (1) के अधीन विनिर्दिष्ट उत्तर के लिए अवधि की संगणना करने में पांच दिन की अवधि जोड़ दी जाएगी।

(3) यथास्थिति, प्रत्येक, केंद्रीय लोक सूचना अधिकारी या राज्य लोक सूचना अधिकारी, सूचना की मांग करने वाले व्यक्तियों के अनुरोधों पर कार्रवाई

करेगा ओर ऐसी सूचना की मांग करने वाले व्यक्तियों को युक्तियुक्त सहायता प्रदान करेगा।

(4) यथास्थिति, केंद्रीय लोक सूचना अधिकारी ऐसे किसी अन्य अधिकारी की सहायता की मांग कर सकेगा, जिसे वह अपने कृत्यों के समुचित निर्वहण के लिए आवश्यक समझे।

(5) कोई अधिकारी, जिसकी उपधारा (4) के अधीन सहायता चाही गई है, उसकी सहायता चाहने वाले यथास्थिति, केंद्रीय लोक सूचना अधिकारी या राज्य लोक सूचना अधिकारी की सभी सहायता प्रदान करेगा और इस अधिनियम के उपबंधों के किसी उल्लंघन के प्रयोजनों के लिए ऐसे अन्य अधिकारी को, यथास्थिति, केंद्रीय लोक सूचना अधिकारी या राज्य लोक सूचना अधिकारी समझा जाएगा।

सूचना प्राप्त करने के लिए आवेदन

(1) कोई व्यक्ति, जो इस अधिनियम के अधीन कोई सूचना अभिप्राप्त करना चाहता है, लिखित में या इलेक्ट्रॉनिक युक्ति के माध्यम से, अंग्रेजी या हिंदी में या उस क्षेत्र की जिसमें आवेदन किया जा रहा है, राजभाषा में ऐसे शुल्क के साथ, जो विहित किया जाए –

(क) संबंधित लोक प्राधिकरण के यथास्थिति, केंद्रीय लोक सूचना अधिकारी या राज्य लोक सूचना अधिकारी;

(ख) यथास्थिति, केंद्रीय सहायक लोक सूचना अधिकारी या राज्य सहायक लोक सूचना अधिकारी;

को उसके द्वारा मांगी गई सूचना की विशिष्टियां विनिर्दिष्ट करते हुए आवेदन करेगा :

परंतु जहां ऐसा अनुरोध लिखित में नहीं किया जा सकता है वहां, यथास्थिति, केंद्रीय लोक सूचना अधिकारी या राज्य लोक सूचना अधिकारी आवेदन करने वाले व्यक्ति को सभी युक्तियुक्त सहायता मौखिक रूप से देगा, जिससे कि उसे लेखबद्ध किया जा सके।

(2) सूचना के लिए अनुरोध करने वाले आवेदक से सूचना का अनुरोध करने के लिए किसी कारण या किसी अन्य व्यक्तिगत ब्यौरे को, सिवाय उसके जो उससे संपर्क करने के लिए आवश्यक हों, देने की अपेक्षा नहीं की जाएगी।

(3) जहां कोई आवेदन किसी लोक प्राधिकारी को किसी ऐसी सूचना के लिए अनुरोध करते हुए किया जाता है -

(i) जो किसी अन्य लोक प्राधिकारी द्वारा धारित है; या

(ii) जिसकी विषय-वस्तु किसी अन्य लोक प्राधिकारी के कृत्यों से अधिक निकट रूप से संबंधित है;

वहां वह लोक प्राधिकारी, जिसको ऐसा आवेदन किया जाता है, ऐसे आवेदन या उसके ऐसे भाग को, जो समुचित हो, उस अन्य लोक प्राधिकारी को अंतरित करेगा और ऐसे अंतरण के बारे में आवेदक को तुरंत सूचना देगा -

परंतु यह कि इस उपधारा के अनुसरण में किसी आवेदन का अंतरण यथासाध्य शीघ्रता से किया जाएगा, किंतु किसी भी स्थिति में आवेदन की प्राप्ति की तिथि से पांच दिनों के पश्चात नहीं किया जाएगा।

आवेदन का निपटान

(1) धारा 5 की उपधारा (2) के परंतुक या धारा 6 की उपधारा (3) के परंतुक के अधीन रहते हुए, धारा 6 के अधीन आवेदन के प्राप्त होने पर यथास्थिति, केंद्रीय लोक सूचना अधिकारी या राज्य लोक सूचना अधिकारी, यथासंभव शीघ्रता से और किसी भी स्थिति में आवेदन की प्राप्ति के तीस दिनों के अंदर, ऐसे शुल्क के संदाय पर, जो विहित की जाए या तो सूचना उपलब्ध कराएगा या धारा 8 और धारा 9 के विनिर्दिष्ट कारणों में से किसी कारण में अनुरोध को अस्वीकार करेगा -

परंतु जहां मांगी गई जानकारी का संबंध किसी व्यक्ति के जीवन या स्वतंत्रता से है, वहां वह आवेदन प्राप्त होने के अड़तालीस घंटे के भीतर उपलब्ध कराई जाएगी।

(2) यदि यथास्थिति केंद्रीय लोक सूचना अधिकारी या राज्य लोक सूचना अधिकारी उपधारा (1) के अधीन विनिर्दिष्ट अवधि के अंदर सूचना के लिए आवेदन पर विनिश्चय करने में असफल रहता है तो, यथास्थिति, केंद्रीय लोक सूचना अधिकारी या राज्य लोक सूचना अधिकारी के बारे में यह समझा जाएगा कि उसने आवेदन को नामंजूर कर दिया है।

(3) जहां सूचना उपलब्ध कराने की लागत के रूप में किसी और शुल्क के संदाय पर सूचना उपलब्ध कराने का विनिश्चय किया जाता है, वहां

यथास्थिति, केंद्रीय लोक सूचना अधिकारी या राज्य लोक सूचना अधिकारी अनुरोध करने वाले व्यक्ति को -

(क) उसके द्वारा यथावधारित सूचना उपलब्ध कराने की लागत के रूप में और शुल्क के ब्यौरे, जिसके साथ उपधारा (1) के अधीन विहित शुल्क के अनुसार राशि निकालने के लिए की गई संगणनाएं होंगी, देते हुए उससे उस शुल्क को जमा करने का अनुरोध करते हुए कोई संसूचना भेजेगा और उक्त संसूचना के प्रेषण एवं शुल्क के संदाय के बीच मध्यवर्ती अवधि को उस धारा में निर्दिष्ट तीस दिन की अवधि की संगणना करने के प्रयोजन के लिए अपवर्जित किया जाएगा;

(ख) प्रभारित शुल्क की राशि या उपलब्ध कराई गई पहुंच के प्रारूप के बारे में, जिसके अंतर्गत अपील प्राधिकारी की विशिष्टियां, समय-सीमा, प्रक्रिया और कोई अन्य प्रारूप भी हैं, विनिश्चय का पुर्नविलोकन करने के संबंध में उसके अधिकारी से संबंधित सूचना देते हुए, कोई संसूचना भेजेगा।

(4) जहां इस अधिनियम के अधीन अभिलेख या उसके किसी भाग तक पहुंच अपेक्षित है और ऐसा व्यक्ति, जिसको पहुंच उपलब्ध कराई जानी है, संवेदनात्मक रूप से निःशक्त है, वहां यथास्थिति, केंद्रीय लोक सूचना अधिकारी या राज्य लोक सूचना अधिकारी सूचना तक पहुंच को समर्थ बनाने के लिए सहायता उपलब्ध कराएगा, जिसमें निरीक्षण के लिए ऐसी सहायता कराना भी सम्मिलित है, जो समुचित हो।

(5) जहां, सूचना तक पहुंच मुद्रित या किसी इलेक्ट्रॉनिक रूप विधान में उपलब्ध कराई जानी है, वहां आवेदक, उपधारा (6) के अधीन रहते हुए, ऐसे शुल्क का संदाय करेगा, जो विहित किया जाए -

परंतु धारा 6 की उपधारा (1) और धारा 7 की उपधारा (1) और उपधारा (5) के अधीन विहित शुल्क युक्तियुक्त होगा और ऐसे व्यक्तियों से, जो गरीबी रेखा के नीचे हैं, जैसा समुचित सरकार द्वारा अवधारित किया जाए, कोई शुल्क प्रभारित नहीं किया जाएगा।

(6) उपधारा (5) में किसी बात के होते हुए भी, जहां कोई लोक प्राधिकारी उपधारा (1) में विनिर्दिष्ट समय-सीमा का अनुपालन करने में असफल रहता है, वहां सूचना के लिए अनुरोध करने वाले व्यक्ति को प्रभार के बिना सूचना उपलब्ध कराई जाएगी।

(7) उपधारा (1) के अधीन कोई विनिश्चिय करने से पूर्व, यथास्थिति,

केंद्रीय लोक सूचना अधिकारी या राज्य लोक सूचना अधिकारी धारा 11 के अधीन व्यक्ति द्वारा किए गए अभ्यावेदन को ध्यान में रखेगा।

(8) जहां किसी अनुरोध को उपधारा (1) के अधीन अस्वीकृत किया गया है वहां यथास्थिति केंद्रीय लोक सूचना अधिकारी या राज्य लोक सूचना अधिकारी आवेदन करने वाले व्यक्ति को

(i) ऐसी अस्वीकृति के लिए कारण;

(ii) यह अवधि, जिसके भीतर ऐसी अस्वीकृति के विरुद्ध कोई अपील की जा सकेगी; और

(iii) अपील प्राधिकारी की विशिष्टियां;

सूचना का प्रकटन

किसी सूचना को साधारणतया उसी प्रारूप में उपलब्ध कराया जाएगा, जिसमें उसे मांगा गया है, जब तक कि वह लोक प्राधिकारी के स्रोतों को अनुपाती रूप से विचलित न करता हो या प्रश्नगत अभिलेख की सुरक्षा या संरक्षण के प्रतिकूल न हो।

सूचना के प्रकटन से छूट

(1) इस अधिनियम में अंतर्विष्ट किसी बात के होते हुए भी व्यक्ति को निम्नलिखित सूचना देने की बाध्यता नहीं होगी –

(i) सूचना, जिसके प्रकटन से भारत की संप्रभुता और अखंडता, राज्य की सुरक्षा, रणनीति, वैज्ञानिक या आर्थिक हित, विदेश से संबंध पर प्रतिकूल प्रभाव पड़ता हो या किसी अपराध को करने का उद्दीपन होता हो;

(ii) सूचना, जिसके प्रकाशन को किसी न्यायालय या अधिकरण द्वारा अभिव्यक्त रूप से निषिद्ध किया गया है या जिसके प्रकटन से न्यायालय का अवमान होता है;

(iii) सूचना, जिसके प्रकटन से संसद या किसी राज्य के विधान-मंडल के विशेषाधिकार का भंग कारित होगा।

(iv) सूचना, जिसमें वाणिज्यिक विश्वास, व्यापार गोपनियता या बौद्धिक संपदा सम्मिलित है, जिसके प्रकटन से किसी पर व्यक्ति की प्रतियोगी स्थिति को नुकसान होता है, जब तक कि सक्षम प्राधिकारी का यह समाधान नहीं हो जाता है कि ऐसी सूचना के प्रकटन से विस्तृत लोक-हित का समर्थन होता है;

(v) किसी व्यक्ति को उसकी वैश्वासिक नातेदारी में उपलब्ध सूचना, जब तक कि सक्षम प्राधिकारी का यह समाधान नहीं हो जाता है कि ऐसी सूचना के प्रकटन से विस्तृत लोक-हित का समर्थन होता है;

(vi) किसी विदेशी सरकार से विश्वास में प्राप्त सूचना;

(vii) सूचना, जिसको प्रकट करना किसी व्यक्ति के जीवन या शारीरिक सुरक्षा को खतरे में डालेगा अथवा जो विधि प्रवर्तन या सुरक्षा प्रयोजनों के लिए विश्वास में दी गई किसी सूचना या सहायता के स्रोत की पहचान करेगा;

(viii) सूचना, जिससे अपराधियों के अन्वेषण, पकड़े जाने या अभियोजन की क्रिया में अड़चन पड़ेगी;

(ix) मंत्रिमंडल के कागज-पत्र, जिसमें मंत्रिपरिषद, सचिवों और अन्य अधिकारियों के विचार-विमर्श के अभिलेख सम्मिलित हैं -

परंतु यह कि मंत्रिपरिषद् के विनिश्चय, उसके कारण तथा वह सामग्री जिसके आधार पर विनिश्चय किए गए थे, विनिश्चय किए जाने और विषय के पूरा या समाप्त होने के पश्चात जनता को उपलब्ध कराए जाएंगे :

परंतु यह और कि वे विषय जो इस धारा में विनिर्दिष्ट छूटों के अंतर्गत आते हैं, प्रकट नहीं किए जाएंगे;

(x) सूचना, जो व्यक्तिगत सूचना से संबंधित है, जिसका प्रकटन किसी लोक क्रिया-कलाप या हित से संबंध नहीं रखता है या जिससे व्यक्ति की एकांतता पर अनावश्यक अतिक्रमण होगा, जब तक कि यथास्थिति, केंद्रीय लोक सूचना अधिकारी या राज्य लोक सूचना अधिकारी या अपील प्राधिकारी का यह समाधान नहीं हो जाता है कि ऐसी सूचना का प्रकटन, विस्तृत लोक-हित में न्यायोचित है -

परंतु ऐसी सूचना के लिए, जिसको यथास्थिति, संसद, या किसी विधान मंडल को देने से इन्कार नहीं किया जा सकता है, किसी व्यक्ति को इन्कार नहीं किया जा सकेगा।

(2) शासकीय गुप्त बात अधिनियम, 1923 की उपधारा (1) के अनुसार अनुज्ञेय किसी छूट में किसी बात के होते हुए भी, किसी लोक प्राधिकारी को सूचना तक पहुंच अनुज्ञात की जा सकेगी, यदि सूचना के प्रकटन में लोक-हित संरक्षित हितों के नुकसान से अधिक है।

(3) उपधारा (1) के खंड (क), खंड (ग) और खंड (झ) के उपबंधों

के अधीन रहते हुए किसी ऐसी घटना, वृत्तांत या विषय से संबंधित कोई सूचना, जो उस दिनांक से, जिससे धारा 6 के अधीन कोई अनुरोध करने वाले किसी व्यक्ति को उपलब्ध कराई जाएगी –

परंतु यह कि जहां उस दिनांक के बारे में, जिससे बीस वर्ष की उक्त अवधि को संगणित किया जाता है, कोई प्रश्न उद्भूत होता है, वहां इस अधिनियम में उसके लिए उपबंधित प्रायिक अपीलों के अधीन रहते हुए केंद्रीय सरकार का विनिश्चय अंतिम होगा।

कुछ विशेष मामलों में आवेदन खारिज करने के कारण

धारा 8 के उपबंधों पर प्रतिकूल प्रभाव डाले बिना, यथास्थिति, कोई केंद्रीय लोक सूचना अधिकारी या कोई राज्य लोक सूचना अधिकारी सूचना के किसी अनुरोध को वहां अस्वीकार कर सकेगा, जहां पहुंच उपलब्ध कराने के लिए ऐसा अनुरोध राज्य से भिन्न किसी व्यक्ति के अस्तित्व–युक्त प्रतिलिप्याधिकार का उल्लंघन अंतर्वलित करेगा।

मेवरेबिलिटी

(1) जहां सूचना तक पहुंच के अनुरोध को इस आधार पर अस्वीकार किया जाता है कि वह ऐसी सूचना के संबंध में है, जो प्रकट किए जाने से छूट प्राप्त है वहां इस अधिनियम में किसी बात के होते हुए भी पहुंच अभिलेख के उस भाग तक उपलब्ध कराई जा सकेगी, जिसमें कोई ऐसी सूचना अंतर्विष्ट नहीं है, जो इस अधिनियम के अधीन प्रकट किए जाने से छूट प्राप्त है और जो किसी ऐसे भाग से, जिसमें छूट प्राप्त सूचना अंतर्विष्ट है, युक्तियुक्त रूप से पृथक की जा सकती है।

(2) जहां उपधारा (1) के अधीन अभिलेख के किसी भाग तक पहुंच अनुदत्त की जाती है, वहां, यथास्थिति, केंद्रीय लोक सूचना अधिकारी या राज्य लोक सूचना अधिकारी निम्नलिखित सूचना देते हुए आवेदक को एक सूचना देगा –

(i) आवेदन किए गए अभिलेख का केवल एक भाग ही, उस अभिलेख से उस सूचना को जो प्रकटन से छूट प्राप्त है, पृथक् करने के पश्चात उपलब्ध कराया जा रहा है;

(ii) विनिश्चय के लिए कारण, जिनके अंतर्गत तथ्य के किसी महत्वपूर्ण

प्रश्न पर उस सामग्री के प्रति, जिस पर वे निष्कर्ष आधारित थे, निर्देश करते हुए कोई निष्कर्ष भी हैं;

(iii) विनिश्चय करने वाले व्यक्ति का नाम और पदनाम;

(iv) उसके द्वारा संगणित शुल्क के ब्योरे और शुल्क की वह राशि जिसकी आवेदक से निक्षेप करने की अपेक्षा की जाती है; और

(v) सूचना के भाग को प्रकट न किए जाने के संबंध में विनिश्चय के पुर्नविलोकन के बारे में उसके अधिकार, प्रभारित शुल्क की राशि या उपलब्ध कराया गया पहुंच का प्रारूप, जिसके अंतर्गत, यथास्थिति, धारा 19 की उपधारा (1) के अधीन विनिर्दिष्ट वरिष्ठ अधिकारी या केंद्रीय लोक सूचना अधिकारी या राज्य लोक सूचना अधिकारी की विशिष्टियां, समय सीमा, प्रक्रिया और कोई अन्य पहुंच का प्ररूप भी है।

तृतीय पक्ष सूचना

(1) जहां, यथास्थिति, किसी केंद्रीय लोक सूचना अधिकारी या राज्य लोक सूचना अधिकारी का, इस अधिनियम के अधीन किए गए आवेदन पर कोई ऐसी सूचना या अभिलेख या उसके किसी भाग को प्रकट करने का आशय है, जो किसी पर व्यक्ति से संबंधित है या उसके द्वारा इसका प्रदाय किया गया है और उस पर व्यक्ति द्वारा उसे गोपनीय माना गया है, वहां यथास्थिति, केंद्रीय लोक सूचना अधिकारी या राज्य लोक सूचना अधिकारी आवेदन प्राप्त होने से पांच दिन के अंदर, ऐसे पर व्यक्ति को आवेदन की और इस तथ्य की लिखित रूप में सूचना देगा कि यथास्थिति, केंद्रीय लोक सूचना अधिकारी या राज्य लोक सूचना अधिकारी का उक्त सूचना या अभिलेख या उसके किसी भी को प्रकट करने का आशय है, और इस बारे में कि सूचना प्रकट की जानी चाहिए या नहीं, लिखित में या मौखिक रूप से निवेदन करने के लिए पर व्यक्ति को आमंत्रित करेगा तथा सूचना के प्रकटन के बारे में कोई विनिश्चय करते समय पर व्यक्ति के ऐसे निवेदन को ध्यान में रखा जाएगा;

परंतु विधि द्वारा संरक्षित व्यापार या वाणिज्यिक गुप्त बातों की स्थिति के सिवाय यदि ऐसे प्रकटन में लोक-हित, ऐसे पर व्यक्ति के हितों की किसी संभावित अपहानि या क्षति से अधिक महत्वपूर्ण है तो प्रकटन अनुज्ञात किया जा सकेगा।

(2) जहां उपधारा (1) के अधीन, यथास्थिति, केंद्रीय लोकसूचना

अधिकारी या राज्य लोक सूचना अधिकारी द्वारा पर व्यक्ति पर किसी सूचना या अभिलेख या उसके किसी भाग के बारे में किसी सूचना की तामील की जाती है, वहां ऐसे पर व्यक्ति को ऐसी सूचना की प्राप्ति की तारीख से दस दिन के अंदर प्रस्तावित प्रकटन के विरुद्ध अभ्यावेदन करने का अवसर दिया जाएगा।

(3) धारा 7 में किसी बात के होते हुए भी, यथास्थिति, केंद्रीय लोक सूचना अधिकारी या राज्य लोक सूचना अधिकारी धारा 6 के अधीन अनुरोध प्राप्त होने के पश्चात चालीस दिन के अंदर यदि पर व्यक्ति को उपधारा (2) के अधीन अभ्यावेदन करने का अवसर दे दिया गया है तो इस बारे में विनिश्चय करेगा कि उक्त सूचना या अभिलेख या उसके भाग का प्रकटन किया जाए या नहीं और अपने विनिश्चय की सूचना लिखित में पर व्यक्ति को देगा।

(4) उपधारा (3) के अधीन दी गई सूचना में यह कथन भी सम्मिलित होगा कि वह पर व्यक्ति, जिसे सूचना दी गई है, धारा 19 के अधीन उक्त विनिश्चय के विरुद्ध अपील करने का हकदार है।

केंद्रीय सूचना आयोग का गठन

(1) केंद्रीय सरकार, राजपत्र में अधिसूचना द्वारा, केंद्रीय सूचना आयोग के नाम से ज्ञात एक निकाय का गठन करेगी, जो ऐसी शक्तियों का प्रयोग और ऐसे कृत्यों का पालन करेगा, जो उसे इस अधिनियम के अधीन सौंपे जाएंगे।

(2) केंद्रीय सूचना आयोग निम्नलिखित से मिलकर बनेगा -

(क) केंद्रीय सूचना आयुक्त; और

(ख) दस से अधिक उतनी संख्या में केंद्रीय सूचना आयुक्त, जितने आवश्यक समझे जाएं।

(3) मुख्य सूचना आयुक्त और सूचना आयुक्तों की नियुक्ति, राष्ट्रपति द्वारा निम्नलिखित से मिलकर बनी समिति की सिफारिश पर की जाएगी -

(1) प्रधानमंत्री, जो समिति का अध्यक्ष होगा;

(2) लोकसभा में विपक्ष का नेता; और

(3) प्रधानमंत्री द्वारा नाम निर्दिष्ट संघ मंत्रिमंडल का एक मंत्री।

स्पष्टीकरण - शंकाओं के समाधान के लिए यह घोषित किया जाता है कि जहां लोकसभा में विपक्ष के नेता को उस रूप में मान्यता नहीं दी गई है,

वहां लोकसभा में सरकार के विपक्षी एकल सबसे बड़े समूह के नेता को विपक्ष का नेता समझा जाएगा।

(4) केंद्रीय सूचना अयोग के कार्यों का साधारण अधीक्षण, निर्देशन और प्रबंधन मुख्य सूचना आयुक्त में निहित होगा, जिसकी सहायता सूचना आयुक्तों द्वारा की जाएगी और वह ऐसी सभी शक्तियों का प्रयोग तथा ऐसे सभी कार्य एवं बातें कर सकेगा, जिनका केंद्रीय सूचना आयोग द्वारा स्वतंत्र रूप से इस अधिनियम के अधीन किसी अन्य प्राधिकारी के निर्देशों के अधीन रहे बिना प्रयोग किया जा सकता है या जो की जा सकती है।

(5) मुख्य सूचना आयुक्त और सूचना आयुक्त विधि, विज्ञान एवं प्रौद्योगिकी, समाज सेवा, प्रबंधन, पत्रकारिता, जनसंपर्क माध्यम या प्रशासन तथा शासन का व्यापक ज्ञान व अनुभव रखने वाले जनजीवन में प्रख्यात व्यक्ति होंगे।

(6) मुख्य सूचना आयुक्त या कोई सूचना आयुक्त, यथास्थिति, संसद का सदस्य या किसी राज्य अथवा संघ के विधान-मंडल का सदस्य नहीं होगा या कोई अन्य लाभ का पद धारित नहीं करेगा या किसी राजनीतिक दल से संबंधित नहीं होगा अथवा कोई कारोबार नहीं करेगा या कोई वृत्ति नहीं करेगा।

(7) केंद्रीय सूचना आयोग का मुख्यालय दिल्ली में होगा और केंद्रीय सूचना आयोग, केंद्रीय सरकार के पूर्व अनुमोदन से, भारत में अन्य स्थानों पर कार्यालय स्थापित कर सकेगा।

कार्यकाल और सेवा की शर्तें

(1) मुख्य सूचना आयुक्त उस तारीख से, जिस तारीख को वह अपना पद ग्रहण करता है, पांच वर्ष की अवधि के लिए पद धारण करेगा और पुर्ननियुक्ति के लिए पात्र नहीं होगा -

परंतु यह कि कोई मुख्य सूचना आयुक्त पैंसठ वर्ष की आयु प्राप्त करने के पश्चात उस रूप में पद धारण नहीं करेगा।

(2) प्रत्येक सूचना आयुक्त उस तारीख से, जिसको वह अपना पद ग्रहण करता है, पांच वर्ष की अवधि के लिए या पैंसठ वर्ष की आयु प्राप्त करने तक, इनमें से जो भी पूर्वतर हो, पद धारण करेगा और ऐसे सूचना आयुक्त के रूप में पुर्ननियुक्ति के लिए पात्र नहीं होगा :

परंतु प्रत्येक सूचना आयुक्त, इस उपधारा के अधीन अपना पद रिक्त करने पर, धारा 12 की उपधारा (3) में विनिर्दिष्ट रीति से मुख्य सूचना आयुक्त के रूप में नियुक्ति के लिए पात्र होगा -

परंतु यह और कि जहां सूचना आयुक्त को मुख्य सूचना आयुक्त के रूप में नियुक्त किया जाता है वहां उसकी पदावधि सूचना आयुक्त और मुख्य सूचना आयुक्त के रूप में कुल मिलाकर पांच वर्ष से अधिक नहीं होगी।

(3) मुख्य सूचना आयुक्त या कोई सूचना आयुक्त, अपना पद ग्रहण करने से पूर्व राष्ट्रपति या उनके द्वारा इस निमित्त प्राधिकृत किसी अन्य व्यक्ति के समक्ष, पहली अनुसूची में इस प्रयोजन के लिए उपवर्णित प्रारूप के अनुसार एक शपथ या प्रतिज्ञान लेगा और उस पर हस्ताक्षर करेगा।

(4) मुख्य सूचना आयुक्त या कोई सूचना आयुक्त, किसी भी समय, राष्ट्रपति को संबोधित अपने हस्ताक्षर सहित लेख द्वारा अपना पद त्याग सकेगा :

परंतु मुख्य सूचना आयुक्त या किसी सूचना आयुक्त को धारा 14 में विनिर्दिष्ट रीति से हटाया जा सकेगा।

(5) संदेय वेतन और भत्ते तथा सेवा के अन्य निबंधन और शर्तें

(क) मुख्य सूचना आयुक्त को वेतन वही होगा, जो मुख्य निर्वाचन आयुक्त का है;

(ख) सूचना आयुक्त की वही होंगी, जो निर्वाचन आयुक्त की है :

परंतु यदि मुख्य सूचना आयुक्त या कोई सूचना आयुक्त अपनी नियुक्ति के समय भारत सरकार के अधीन या किसी राज्य सरकार के अधीन किसी पूर्व सेवा के संबंध में कोई पेंशन, अक्षमता या क्षति पेंशन से भिन्न प्राप्त कर रहा है तो मुख्य सूचना आयुक्त या सूचना आयुक्त के रूप में सेवा के संबंध में उसके वेतन में से, उस पेंशन की, जिसके अंतर्गत पेंशन का ऐसा कोई भाग, जिसे संराशिकृत किया गया था और सेवानिवृत्ति उपदान के समतुल्य पेंशन को छोड़कर सेवानिवृत्ति लाभों के अन्य रूपों के समतुल्य पेंशन भी है, राशि को कम कर दिया जाएगा :

परंतु यह और कि यदि मुख्य सूचना आयुक्त या कोई सूचना आयुक्त अपनी नियुक्ति के समय किसी केंद्रीय अधिनियम या राज्य अधिनियम द्वारा या उसके अधीन स्थापित किसी निगम में या केंद्रीय सरकार या राज्य सरकार के स्वामित्वाधीन या नियंत्रणाधीन किसी सरकारी कंपनी में की गई किसी पूर्व सेवा के संबंध में सेवानिवृत्ति के लाभ प्राप्त कर रहा है

तो मुख्य सूचना आयुक्त या सूचना आयुक्त के रूप में सेवा के संबंध में उसके वेतन में से सेवानिवृत्ति लाभों को समतुल्य पेंशन की रकम कम कर दी जाएगी :

परंतु यह भी कि मुख्य सूचना आयुक्त या सूचना आयुक्त के वेतन, भत्तों और सेवा की अन्य शर्तों में उसकी नियुक्ति के पश्चात उसके अलाभकर रूप में कोई परिवर्तन नहीं किया जाएगा।

(6) केंद्रीय सरकार मुख्य सूचना आयुक्त या सूचना आयुक्तों को उतने अधिकारी और कर्मचारी उपलब्ध कराएगी, जितने इस अधिनियम के अधीन उनके कृत्यों के दक्ष पालन के लिए आवश्यक हों और इस अधिनियम के प्रयोजन के लिए नियुक्त किए गए अधिकारियों और अन्य कर्मचारियों को संदेय वेतन व भत्ते तथा सेवा के निबंधन एवं शर्तें ऐसी होंगी, जो विहित की जाएं।

मुख्य सूचना आयुक्त या सूचना आयुक्त का निष्कासन

(1) उपधारा (3) उपबंधों के अधीन रहते हुए मुख्य सूचना आयुक्त या किसी सूचना आयुक्त को राष्ट्रपति के आदेश द्वारा साबित कदाचार या असमर्थता के आधार पर उसके पद से तभी हटाया जाएगा, जब उच्चतम न्यायालय ने, राष्ट्रपति द्वारा उसे किए गए किसी निर्देश पर जांच के पश्चात यह रिपोर्ट दी हो कि, यथास्थिति, मुख्य सूचना आयुक्त या सूचना आयुक्त को उस आधार पर हटा दिया जाना चाहिए।

(2) राष्ट्रपति उस मुख्य सूचना आयुक्त या सूचना आयुक्त को, जिसके विरुद्ध उपधारा (1) के अधीन उच्चतम न्यायालय को निर्देश किया गया है, ऐसे निर्देश पर उच्चतम न्यायालय की रिपोर्ट प्राप्त होने पर राष्ट्रपति द्वारा आदेश पारित किए जाने तक पद से निलंबित कर सकेगा और यदि आवश्यक समझे तो जांच के दौरान कार्यालय में उपस्थित होने से भी प्रतिषिद्ध कर सकेगा।

(3) उपधारा (1) में अंतर्विष्ट किसी बात के होते हुए भी राष्ट्रपति, मुख्य सूचना आयुक्त या किसी सूचना आयुक्त को आदेश द्वारा पद से हटा सकेगा, यदि, यथास्थिति, मुख्य सूचना आयुक्त या सूचना आयुक्त -

(क) दिवालिया न्यायनिर्णीत किया गया है; या

(ख) वह ऐसे अपराध के लिए दोष-सिद्ध ठहराया गया है, जिसमें राष्ट्रपति की राय में नैतिक अधमता अंतर्वलित है; या

(ग) अपनी पदावधि के दौरान अपने पद के कर्तव्यों से परे किसी वैतनिक नियोजन में लगा हुआ है; या

(घ) राष्ट्रपति की राय में, मानसिक या शारीरिक अक्षमता के कारण पद पर बने रहने के अयोग्य है; या

(ड़) उसने ऐसे वित्तीय और अन्य हित अर्जित किए हैं, जिनसे मुख्य सूचना आयुक्त या किसी सूचना आयुक्त के रूप में उसके कृत्यों पर प्रतिकूल प्रभाव पड़ने की संभावना है।

(4) यदि मुख्य सूचना आयुक्त या कोई सूचना आयुक्त, किसी प्रकार भारत सरकार द्वारा या उसकी ओर से की गई किसी संविदा या करार से संबद्ध या उसमें हितबद्ध है या किसी निगमित कंपनी के किसी सदस्य के रूप में से अन्यथा और उसके अन्य सदस्यों के साथ सामान्यतः उसके लाभ में या उससे प्रोद्भूत होने वाले किसी लाभ या परिलब्धियों में हिस्सा लेता है तो वह, उपधारा (1) के प्रयोजनों के लिए, कदाचार का दोषी समझा जाएगा।

राज्य सूचना आयोग का गठन

(1) प्रत्येक राज्य सरकार राजपत्र में अधिसूचना द्वारा...(राज्य का नाम) सूचना आयोग के नाम से ज्ञात एक निकाय का गठन करेगी, जो ऐसी शक्तियों का प्रयोग और ऐसे कृत्यों का पालन करेगा, जो उसे इस अधिनियम के अधीन सौंपे जाएं।

(2) राज्य सूचना आयोग निम्नलिखित से मिलकर बनेगा –

(क) राज्य मुख्य सूचना आयुक्त; और

(ख) दस से अधिक उतनी संख्या में राज्यसूचना आयुक्त जितने आवश्यक समझे जाएं।

(3) राज्य मुख्य सूचना आयुक्त और राज्य सूचना आयुक्तों की नियुक्ति राज्यपाल द्वारा निम्नलिखित से मिलकर बनी किसी समिति की सिफारिश पर की जाएगी –

(1) मुख्यमंत्री, जो समिति का अध्यक्ष होगा;

(2) विधानसभा में विपक्ष का नेता; और

(3) मुख्यमंत्री द्वारा नाम निर्देशित किया जाने वाला मंत्रिमंडल का सदस्य।

स्पष्टीकरण : शंकाओं को दूर करने के प्रयोजनों के लिए यह घोषित किया जाता है कि जहां विधानसभा में विपक्षी दल के नेता को उस रूप में

मान्यता नहीं दी गई है, वहां विधानसभा में सरकार के विपक्षी एकल सबसे बड़े समूह के नेता को विपक्षी दल का नेता समझा जाएगा।

(4) राज्य सूचना आयोग के कार्यों का साधारण अधीक्षण, निर्देशन और प्रबंधन राज्य मुख्य सूचना आयुक्त में निहित होगा, जिसकी राज्य सूचना आयुक्तों द्वारा सहायता की जाएगी और वह सभी ऐसी शक्तियों का प्रयोग कर सकेगा तथा सभी ऐसे कार्य और बातें कर सकेगा जो राज्य सूचना आयोग द्वारा इस अधिनियम के अधीन किसी अन्य प्राधिकारी के निर्देशों के अधीन रहे बिना स्वतंत्र रूप से प्रयोग की जा सकती है या नहीं की जा सकती है।

(5) राज्य मुख्य सूचना आयुक्त और राज्य सूचना आयुक्त विधि, विज्ञान एवं प्रौद्योगिकी, समाज-सेवा, प्रबंध, पत्रकारिता, जनसंपर्क माध्यम या प्रशासन व शासन में व्यापक ज्ञान और अनुभव वाले समाज में प्रख्यात व्यक्ति होंगे।

(6) राज्य मुख्य सूचना आयुक्त या राज्य सूचना आयुक्त, यथास्थिति, संसद का सदस्य या किसी राज्य या संघ राज्यक्षेत्र के विधानमंडल का सदस्य नहीं होगा या कोई अन्य लाभ का पद धारण नहीं करेगा या किसी राजनीतिक दल से संबद्ध नहीं होगा अथवा कोई कारोबार नहीं करेगा या कोई वृत्ति नहीं करेगा।

(7) राज्य सूचना आयोग का मुख्यालय राज्य में ऐसे स्थान पर होगा, जिसे राज्य सरकार राजपत्र में अधिसूचना द्वारा विनिर्दिष्ट करे और राज्य सूचना आयोग, राज्य सरकार के पूर्व अनुमोदन से, राज्य में अन्य स्थानों पर अपने कार्यालय स्थापित कर सकेगा।

कार्यकाल तथा सेवा की शर्तें

(1) राज्य मुख्य सूचना आयुक्त उस तारीख से, जिस तारीख को वह अपना पद ग्रहण करता है, पांच वर्ष की अवधि के लिए पद धारण करेगा और पुर्ननियुक्ति के लिए पात्र नहीं होगा :

परंतु कोई राज्य मुख्य सूचना आयुक्त पैंसठ वर्ष की आयु प्राप्त करने के पश्चात उस रूप में पद धारण नहीं करेगा।

(2) प्रत्येक राज्य सूचना आयुक्त उस तारीख से, जिस तारीख को वह अपना पद ग्रहण करता है, पांच वर्ष की अवधि के लिए या पैंसठ वर्ष की आयु प्राप्त करने तक - इनमें से जो भी पहले हो - पद धारण करेगा और राज्य सूचना आयुक्त के रूप में पुर्ननियुक्ति के लिए पात्र नहीं होगा :

परंतु प्रत्येक राज्य सूचना आयुक्त इस उपधारा के अधीन अपना पद रिक्त करने पर धारा 15 की उपधारा (3) में विनिर्दिष्ट रीति से राज्य मुख्य सूचना आयुक्त के रूप में नियुक्ति के लिए पात्र होगा :

परंतु यह और कि जहां राज्य सूचना आयुक्त की राज्य मुख्य सूचना आयुक्त के रूप में नियुक्ति की जाती है, वहां उसकी पदावधि राज्य सूचना आयुक्त और राज्य मुख्य सूचना आयुक्त के रूप में कुल मिलाकर पांच वर्ष से अधिक नहीं होगी।

(3) राज्य मुख्य सूचना आयुक्त या कोई राज्य सूचना आयुक्त अपना पद ग्रहण करने से पूर्व राज्यपाल या इस निमित्त उसके द्वारा नियुक्त किए गए किसी अन्य व्यक्ति के समक्ष पहली अनुसूची में इस प्रयोजन के लिए उपवर्णित प्रारूप के अनुसार शपथ या प्रतिज्ञान लेगा और उस पर अपने हस्ताक्षर करेगा।

(4) राज्य मुख्य सूचना आयुक्त या कोई राज्य सूचना आयुक्त, किसी भी समय, राज्यपाल को संबोधित अपने हस्ताक्षर सहित लेख द्वारा अपने पद का त्याग कर सकेगा :

परंतु राज्य मुख्य सूचना आयुक्त या किसी राज्य सूचना आयुक्त को धारा 17 में विनिर्दिष्ट रीति से हटाया जा सकेगा।

(5) संदेय वेतन और भत्ते तथा सेवा के अन्य निबंधन और शर्तें -

(क) राज्य मुख्य सूचना आयुक्त का वेतन वही होगा जो किसी निर्वाचन आयुक्त का होगा;

(ख) राज्य सूचना आयुक्त का वेत वही होगा; जो राज्य सरकार के मुख्य सचिव का है :

परंतु यदि राज्य मुख्य सूचना आयुक्त या कोई राज्य सूचना आयुक्त अपनी नियुक्ति के समय भारत सरकार के अधीन या किसी राज्य सरकार के अधीन किसी पूर्व सेवा के संबंध में कोई पेंशन, अक्षमता या क्षति पेंशन से भिन्न प्राप्त कर रहा है तो राज्य मुख्य सूचना आयुक्त या राज्य सूचना आयुक्त के रूप में सेवा के संबंध में उसके वेतन में से उस पेंशन की रकम को, जिसके अंतर्गत पेंशन का ऐसा भाग, जिसे संराशिकृत किया गया था और सेवानिवृत्ति उपदान के समतुल्य पेंशन को छोड़कर अन्य प्रकार के सेवानिवृत्ति लाभों के समतुल्य पेंशन भी है, रकम को कम कर दिया जाएगा :

परंतु यह और कि जहां राज्य मुख्य सूचना आयुक्त या राज्य सूचना आयुक्त अपनी नियुक्ति के समय किसी केंद्रीय अधिनियम या राज्य अधिनियम द्वारा उसके अधीन स्थापित किसी निगम या केंद्रीय सरकार या राज्य सरकार के स्वामित्वाधीन या नियंत्रणाधीन किसी सरकारी कंपनी में की गई किसी पूर्व सेवा के संबंध में सेवानिवृत्ति लाभ प्राप्त कर रहा है, वहां राज्य मुख्य सूचना आयुक्त या राज्य सूचना आयुक्त के रूप में सेवा के संबंध में उसके वेतन में से सेवानिवृत्ति लाभों के समतुल्य पेंशन की रकम कर दी जाएगी :

परंतु यह और कि राज्य मुख्य सूचना आयुक्त और राज्य सूचना आयुक्तों के वेतन, भत्तों एवं सेवा की अन्य शर्तों में उनकी नियुक्ति के पश्चात उनके लिए अलाभकारी रूप में परिवर्तन नहीं किया जाएगा।

(6) राज्य सरकार राज्य मुख्य सूचना आयुक्त और राज्य सूचना आयुक्तों को उतने अधिकारी और कर्मचारी उपलब्ध कराएगी जितने इस अधिनियम के अधीन उनके कृत्यों के दक्ष पालन के लिए आवश्यक हों और इस अधिनियम के प्रयोजन के लिए नियुक्त किए गए अधिकारियों एवं अन्य कर्मचारियों को संदेय वेतन और भत्ते तथा सेवा के निबंधन व शर्तें ऐसी होंगी, जो विहित की जाएं।

राज्य मुख्य सूचना आयुक्त और राज्य सूचना आयुक्त का निष्कासन

(1) उपधारा (3) के उपबंधों के अधीन रहते हुए राज्य मुख्य सूचना आयुक्त या किसी राज्य सूचना आयुक्त को राज्यपाल के आदेश द्वारा सिद्ध कदाचार या असमर्थता के आधार पर उसके पद से तभी हटाया जाएगा, जब उच्चतम न्यायालय ने राज्यपाल द्वारा उसे किए गए किसी निर्देश पर जांच के पश्चात यह रिपोर्ट दी हो कि, यथास्थिति, राज्य मुख्य सूचना आयुक्त या राज्य सूचना आयुक्त को उस आधार पर हटा दिया जाना चाहिए।

(2) राज्यपाल उस राज्य मुख्य सूचना आयुक्त या राज्य सूचना आयुक्त को, जिसके विरुद्ध उपधारा (1) के अधीन उच्चतम न्यायालय को निर्देश किया गया है, ऐसे निर्देश पर उच्चतम न्यायालय की रिपोर्ट की प्राप्ति पर राज्यपाल द्वारा आदेश पारित किए जाने तक पद से निलंबित कर सकेगा और यदि आवश्यक समझे तो ऐसी जांच के दौरान कार्यालय में उपस्थित होने से प्रतिषिद्ध भी कर सकेगा।

(3) उपधारा (1) में अंतर्विष्ट किसी बात के होते हुए भी राज्यपाल राज्य मुख्य सूचना आयुक्त या किसी राज्य सूचना आयुक्त को आदेश द्वारा, पद से हटा सकेगा, यदि, यथास्थिति, राज्य मुख्य सूचना आयुक्त या राज्य सूचना आयुक्त –

(i) दिवालिया न्यायनिर्णीत किया गया है; या

(ii) वह ऐसे किसी अपराध के लिए दोष-सिद्ध ठहराया गया है, जिसमें राज्यपाल की राय में नैतिक अधमता अंतर्वलित है; या

(iii) वह अपनी पदावधि के दौरान अपने पद के कर्तव्यों से परे किसी वैतनिक नियोजन में लगा हुआ है; या

(iv) राज्यपाल की राय में , मानसिक या शारीरिक अक्षमता के कारण पद पर बने रहने के अयोग्य है; या

(v) उसने ऐसे वित्तीय या अन्य हित अर्जित किए हैं, जिनसे, राज्य मुख्य सूचना आयुक्त या राज्य सूचना आयुक्त के रूप में उसके कृत्यों पर प्रतिकूल प्रभाव पड़ने की संभावना है।

(4) यदि राज्य मुख्य सूचना आयुक्त या कोई राज्य सूचना आयुक्त, किसी प्रकार, राज्य सरकार द्वारा या उसकी ओर से की गई किसी संविदा या करार से संबद्ध या उसमें हितबद्ध है अथवा किसी निगमित कंपनी के किसी सदस्य को किसी रूप में से अन्यथा और उसके अन्य सदस्यों के साथ सामान्यत: उसके लाभ में या उससे प्रोद्‌भूत होने वाले किसी लाभ या परिलब्धियों में हिस्सा लेता है तो वह उपधारा (1) के प्रयोजनों के लिए कदाचार का दोषी समझा जाएगा।

सूचना आयोगों के अधिकार और कार्य

(1) इस अधिनियम के उपबंधों के अधीन रहते हुए, यथास्थिति, केंद्रीय सूचना आयोग या राज्य आयोग का यह कर्तव्य होगा कि वह निम्नलिखित किसी ऐसे व्यक्ति से शिकायत प्राप्त करे और उसकी जांच करे।

(i) जो, यथास्थिति, किसी केंद्रीय लोक सूचना अधिकारी या राज्य लोक सूचना अधिकारी को, इस कारण से आवेदन प्रस्तुत करने में असमर्थ रहा है कि इस अधिनियम के अधीन ऐसे अधिकारी की नियुक्ति नहीं की गई है या, यथास्थिति, केंद्रीय सहायक लोक सूचना अधिकारी या सहायक लोक सूचना अधिकारी ने इस अधिनियम के अधीन सूचना या अपील के लिए धारा 19

की उपधारा (1) में विनिर्दिष्ट केंद्रीय लोक सूचना अधिकारी या राज्य लोक सूचना अधिकारी अथवा ज्येष्ठ अधिकारी या, यथास्थिति, केंद्रीय सूचना आयोग या राज्य सूचना आयोग को उसके आवेदन को भेजने के लिए स्वीकार करने से इन्कार कर दिया है;

(ii) जिसे इस अधिनियम के अधीन आवेदन की गई कोई जानकारी तक पहुंच के लिए इंकार कर दिया गया है;

(iii) जिसे इस अधिनियम के अधीन विनिर्दिष्ट समय-सीमा के भीतर सूचना के लिए या सूचना तक पहुंच के लिए अनुरोध का उत्तर नहीं दिया गया है;

(iv) जिससे ऐसे शुल्क की रकम का संदाय करने की अपेक्षा की गई है, जो वह अनुचित समझता है;

(v) जो यह विश्वास करता है कि उसे इस अधिनियम के अधीन अपूर्ण, भ्रम में डालने वाली या मिथ्या सूचना दी गई है; और

(vi) इस अधिनियम के अधीन अभिलेखों के लिए अनुरोध करने या उन तक पहुंच प्राप्त करने से संबंधित किसी अन्य विषय के संबध में।

(2) जहां, यथास्थिति, केंद्रीय सूचना आयोग या राज्य सूचना अयोग का यह समाधान हो जाता है कि उस विषय में जांच करने के लिए युक्तियुक्त आधार हैं, वहां वह उसके संबंध में जांच आरंभ कर सकेगा।

(3) यथास्थिति, केंद्रीय सूचना आयोग या राज्य आयोग को, इस धारा के अधीन किसी मामले में जांच करते समय वही शक्तियां प्राप्त होंगी, जो निम्नलिखित मामलों के संबंध में सिविल प्रक्रिया संहिता 1908 के अधीन किसी वाद का विचारण करते समय सिविल न्यायालय में निहित होती हैं, अर्थात :

(i) किन्हीं व्यक्तियों को सम्मन करना और उन्हें उपस्थित कराना तथा शपथ पर मौखिक या लिखित साक्ष्य देने के लिए और दस्तोवज या चीजें प्रस्तुत करने के लिए उनको विवश करना ;

(ii) दस्तावेजों के प्रकटीकरण और निरीक्षण की अपेक्षा करना;

(iii) शपथ-पत्र पर साक्ष्य को अभिग्रहण करना;

(iv) किसी न्यायालय या कार्यालय से किसी लोक अभिलेख या उसकी प्रतियां मंगाना;

(v) साक्षियों या दस्तावेजों की परीक्षा के लिए सम्मन जारी करना; और

(vi) कोई अन्य विषय, जो विहित किया जाए।

(4) यथास्थिति, संसद या राज्य विधानमंडल के किसी अन्य अधिनियम में अंतर्विष्ट किसी असंगत बात के होते हुए भी, यथास्थिति, केंद्रीय सूचना आयोग या राज्य सूचना आयोग इस अधिनियम के अधीन किसी शिकायत की जांच करने के दौरान ऐसे किसी अभिलेख की परीक्षा कर सकेगा, जिससे यह अधिनियम लागू होता है और जो लोक प्राधिकारी के नियंत्रण में है और उसके द्वारा ऐसे किसी अभिलेख को किन्हीं भी आधारों पर रोका नहीं जाएगा।

अपील

(1) ऐसा कोई व्यक्ति, जिसे धारा 7 की उपधारा (1) या उपधारा (3) के खंड (क) में विनिर्दिष्ट समय के भीतर कोई विनिश्चय प्राप्त नहीं हुआ है या जो, यथास्थिति, केंद्रीय लोक सूचना अधिकारी या राज्य लोक सूचना अधिकारी के किसी विनिश्चय से व्यथित है, उस अवधि की समाप्ति से या ऐसे किसी विनिश्चिय की प्राप्ति से तीस दिन के अंदर ऐसे अधिकारी को अपील कर सकेगा, जो प्रत्येक लोक प्राधिकरण में, यथास्थिति केंद्रीय लोक सूचना अधिकारी या राज्य लोक सूचना अधिकारी की पंक्ति में ज्येष्ठ पंक्ति का है :

परंतु ऐसा अधिकारी तीस दिन की अवधि की समाप्ति के पश्चात अपील को ग्रहण कर सकेगा, यदि उसका यह समाधान हो जाता है कि अपीलार्थी समय पर अपील फाइल करने में पर्याप्त कारण से निवारित किया गया था।

(2) जहां अपील धारा 11 के अधीन, यथास्थिति, किसी केंद्रीय लोक सूचना अधिकारी या किसी राज्य लोक सूचना अधिकारी द्वारा पर व्यक्ति की सूचना प्रकट करने के लिए किए गए किसी आदेश के विरुद्ध की जाती है, वहां संबंधित पर व्यक्ति द्वारा अपील उस आदेश की तारीख से तीस दिन के भीतर की जाएगी।

(3) उपधारा (1) के अधीन विनिश्चय के विरुद्ध दूसरी अपील उस तारीख से, जिसको विनिश्चय किया जाना चाहिए था या वास्तव में प्राप्त किया गया था, नब्बे दिनों के अंदर केंद्रीय सूचना आयोग या राज्य सूचना आयोग को होगी :

परंतु, यथास्थिति केंद्रीय लोक सूचना आयोग या राज्य सूचना आयोग नब्बे दिन की अवधि की समाप्ति के पश्चात अपील को ग्रहण कर सकेगा, यदि उसका यह समाधान हो जाता है कि अपीलार्थी समय पर अपील फाइल करने से पर्याप्त कारण से निवारित किया गया था।

(4) यदि यथास्थिति, केंद्रीय लोक सूचना अधिकारी या राज्य लोक सूचना अधिकारी का विनिश्चय, जिसके विरुद्ध अपील की गई है, पर व्यक्ति की सूचना से संबंधित है तो यथास्थिति केंद्रीय सूचना आयोग या राज्य सूचना आयोग उस पर व्यक्ति को सुनवाई का युक्तियुक्त अवसर देगा।

(5) अपील संबंधी किन्हीं कार्यवाइयों में यह साबित करने का दायित्व कि अनुरोध को अस्वीकार करना न्यायोचित था, यथास्थिति, केंद्रीय लोक सूचना अधिकारी या राज्य लोक सूचना अधिकारी पर, जिसने अनुरोध से इनकार किया था, होगा।

(6) उपधारा (1) या उपधारा (2) के अधीन किसी अपील का निपटारा, लेखबद्ध किए जाने वाले कारणों से, अपील की प्राप्ति के तीस दिनों के अंदर या ऐसी विस्तारित अवधि के भीतर, जो उसके फाइल किए जाने की तारीख से कुल पैंतालीस दिनों से अधिक न हो, किया जाएगा।

(7) यथास्थिति, केंद्रीय सूचना आयोग या राज्य सूचना आयोग का विनिश्चय आबद्धकर होगा।

(8) अपने विनिश्चय में, यथास्थिति, केंद्रीय लोक सूचना आयोग या राज्य सूचना अयोग को निम्नलिखित शक्ति प्राप्त है –

(क) लोक प्राधिकरण से ऐसे उपाय करने की अपेक्षा करना, जो इस अधिनियम के उपबंधों का अनुपालन सुनिश्चित करने के लिए आवश्यक हो, जिनके अंतर्गत निम्नलिखित भी हैं –

(i) सूचना तक पहुंच उपलब्ध कराना, यदि विशिष्ट प्रारूप में ऐसा आवेदन किया गया है;

(ii) यथास्थिति, केंद्रीय लोक सूचना अधिकारी या राज्य लोक सूचना अधिकारी को नियुक्त करना;

(iii) कतिपय सूचना या सूचना के प्रवर्गों को प्रकाशित करना;

(iv) अभिलेखों के अनुरक्षण, प्रबंध और विनाश से संबंधित अपनी पद्धतियों में आवश्यक परिवर्तन करना;

(v) अपने अधिकारियों के लिए सूचना के अधिकार के संबंध में प्रशिक्षण के उपबंध को बढ़ाना :

(vi) धारा 4 की उपधारा (1) के खंड (ख) के अनुसरण में अपनी एक वार्षिक रिपोर्ट उपलब्ध कराना;

(ख) लोक प्राधिकारी से शिकायतकर्ता को उसके द्वारा सहन की गई किसी हानि के लिए प्रतिपूरित करने की अपेक्षा करना;

(ग) इस अधिनियम के अधीन उपबंधित शास्तियों में से कोई शास्ति अधिरोपित करना;

(घ) आवेदन को नामंजूर करना।

(9) यथास्थिति, केंद्रीय सूचना अयोग या राज्य सूचना आयोग शिकायतकर्ता और लोक प्राधिकारी को अपने विनिश्चिय की, जिसके अंतर्गत अपील का कोई अधिकार भी है, सूचना देगा।

(10) यथास्थिति, केंद्रीय सूचना आयोग या राज्य सूचना आयोग अपील का विनिश्चय ऐसी प्रक्रिया के अनुसार करेगा, जो विहित की जाए।

शास्तियां

(1) जहां किसी शिकायत या अपील का विनिश्चिय करते समय, यथास्थिति, केंद्रीय सूचना आयोग या राज्य सूचना आयोग की यह राय है कि, यथास्थिति, केंद्रीय लोक सूचना अधिकारी या राज्य लोक सूचना अधिकारी ने किसी युक्तियुक्त कारण के बिना सूचना के लिए कोई आवेदन प्राप्त करने से इनकार किया है या धारा 7 की उपधारा (1) के अधीन सूचना के लिए विनिर्दिष्ट समय के भीतर सूचना नहीं दी है या असद्भावपूर्वक सूचना के लिए अनुरोध से इनकार किया है अथवा जान-बूझकर गलत, अपूर्ण या भ्रामक सूचना दी है या इस सूचना को नष्ट कर दिया है, जो अनुरोध का विषय थी या किसी रीति से सूचना देने में बाधा डाली है तो वह ऐसे प्रत्येक दिन के लिए, जब तक आवेदन प्राप्त किया जाता है या सूचना दी जाती है, दो सौ पचास रुपए की शास्ति अधिरोपित करेगा, तथापि, ऐसी शास्ति की कुल धनराशि पच्चीस हजार रुपए किए जाने से अधिक नहीं होगी :

परंतु, यथास्थिति, केंद्रीय लोक सूचना अधिकारी या राज्य लोक सूचना अधिकारी को, उस पर कोई शास्ति अधिरोपित किए जाने के पूर्व, सुनवाई का युक्तियुक्त अवसर दिया जाएगा :

परंतु यह साबित करने का भार कि उसने युक्तियुक्त रूप से और तत्परतापूर्वक कार्य किया है, यथास्थिति, केंद्रीय लोक सूचना अधिकारी या राज्य लोक सूचना अधिकारी पर होगा।

(2) जहां किसी शिकायत या अपील का विनिश्चय करते समय, यथास्थिति, केंद्रीय सूचना आयोग या राज्य सूचना आयोग की यह राय है कि, यथास्थिति, केंद्रीय लोक सूचना अधिकारी या राज्य लोक सूचना अधिकारी, कियी युक्तियुक्त कारण के बिना और लगातार सूचना के लिए कोई आवेदन प्राप्त करने में असफल रहा है या उसने धारा 7 की उपधारा (1) के अधीन विनिर्दिष्ट समय के भीतर सूचना नहीं दी है या असद्भावपूर्वक सूचना के लिए अनुरोध से इनकार किया है या जान-बूझकर गलत, अपूर्ण अथवा भ्रामक सूचना दी है या ऐसी सूचना को नष्ट कर दिया है, जो अनुरोध का विषय थी या किसी रीति से सूचना देने में बाधा डाली है वहां वह, यथास्थिति, ऐसे केंद्रीय लोक सूचना अधिकारी या राज्य लोक सूचना अधिकारी के विरुद्ध उसे लागू सेवा नियमों के अधीन अनुशासनिक कार्रवाई के लिए सिफारिश करेगा।

सदभाव में की गई कार्रवाई का संरक्षण

कोई वाद, अभियोजन या अन्य विधिक कार्यवाई किसी भी ऐसी बात के बारे में, जो इस अधिनियम या उसके अधीन बनाए गए किसी नियम के अधीन सद्भावपूर्वक की गई है या की जाने के लिए आशयित है, किसी व्यक्ति के विरुद्ध न होगी।

कानून का अध्यारोही होना

इस अधिनियम के उपबंध, शासकीय गुप्त बात अधिनियम, 1923 और तत्समय प्रवृत्त किसी अन्य विधि में या इस अधिनियम से अन्यथा किसी विधि के आधार पर प्रभाव रखने वाली किसी लिखित में उससे असंगत किसी बात के होते हुए भी, प्रभावी होंगे।

न्यायालयों के न्यायाधिकार

कोई न्यायालय इस अधिनियम के अधीन किए गए किसी आदेश के संबंध में कोई वाद, आवेदन या अन्य कार्यवाई ग्रहण नहीं करेगा और ऐसे किसी आदेश को इस अधिनियम के अधीन किसी अपील के रूप के सिवाय किसी रूप में प्रश्नगत नहीं किया जाएगा।

कानून का कुछ संगठनों पर लागू न होना

(1) इस अधिनियम के अंतर्विष्ट कोई बात, केंद्रीय सरकार द्वारा स्थापित आसूचना और सुरक्षा संगठनों को, जो दूसरी अनुसूची में विनिर्दिष्ट है या ऐसे संगठनों द्वारा उस सरकार को दी गई किसी सूचना को लागू नहीं होगी :

परंतु भ्रष्टाचार और मानवाधिकारों के अतिक्रमण के अभिकथनों से संबंधित सूचना इस उपधारा के अधीन अपवर्जित नहीं की जाएंगी। परंतु यह और कि यदि मांगी गई सूचना मानवाधिकारों के अतिक्रमण के अभिकथनों से संबंधित है तो सूचना केंद्रीय सूचना आयोग के अनुमोदन के पश्चात ही दी जाएगी और धारा 7 में किसी बात के होते हुए भी ऐसी सूचना अनुरोध की प्राप्ति के पैंतालीस दिनों के अंदर दी जाएगी।

(2) केंद्रीय सरकार, राजपत्र में किसी अधिसूचना द्वारा, अनुसूची का उस सरकार द्वारा स्थापित किसी अन्य आसूचना या सुरक्षा संगठन को उसमें सम्मिलित करके या उसमें पहले से विनिर्दिष्ट किसी संगठन का उससे लोप करके संशोधन कर सकेगी और ऐसी अधिसूचना के प्रकाशन पर ऐसे संगठन को अनुसूची में, यथास्थिति, सम्मिलित किया गया या उसका उससे लोप किया गया समझा जाएगा।

(3) उपधारा (2) के अधीन जारी की गई प्रत्येक अधिसूचना संसद के प्रत्येक सदन के समक्ष रखी जाएगी।

(4) इस अधिनियम की कोई बात ऐसे आसूचना और सुरक्षा संगठनों को लागू नहीं होगी, जो राज्य सरकार द्वारा स्थापित ऐसे संगठन हैं, जिन्हें वह सरकार समय-समय पर, राजपत्र में अधिसूचना द्वारा विनिर्दिष्ट करें :

परंतु भ्रष्टाचार और मानवाधिकारों के अतिक्रमण के अभिकथनों से संबंधित सूचना इस उपधारा के अधीन अपवर्जित नहीं की जाएगी :

परंतु यह और कि यदि मांगी गई सूचना मानव अधिकारों के अतिक्रमण अभिकथनों से संबंधित है तो सूचना राज्य सूचना आयोग के अनुमोदन के पश्चात ही दी जाएगी और धारा 7 में किसी बात के होते हुए भी ऐसी सूचना आवेदन की प्राप्ति के पैंतालीस दिनों के अंदर दी जाएगी।

(5) उपधारा (4) के अधीन जारी की गई प्रत्येक अधिसूचना राज्य विधानमंडल के समक्ष रखी जाएगी।

अनुवीक्षण और रिपोर्टिंग

(1) यथास्थिति, केंद्रीय सूचना आयोग या राज्य सूचना आयोग प्रत्येक वर्ष के अंत के पश्चात यथासाध्य शीघ्रता से उसे वर्ष के दौरान इस अधिनियम के उपबंधों के कार्यान्वयन के संबंध में एक रिपोर्ट तैयार करेगा और उसकी एक प्रति समुचित सरकार को भेजेगा।

(2) प्रत्येक मंत्रालय या विभाग अपनी अधिकारिता के भीतर लोक प्राधिकारियों के संबंध में ऐसी सूचना एकत्रित करेगा और उसे, यथास्थिति, केंद्रीय सूचना आयोग या राज्य सूचना आयोग को उपलब्ध कराएगा, जो इस धारा के अधीन रिपोर्ट तैयार करने के लिए अपेक्षित हैं और इस धारा के प्रयोजनों के लिए उस सूचना को देने तथा अभिलेख रखने से संबंधित अपेक्षाओं का पालन करेगा।

(3) प्रत्येक रिपोर्ट में उस वर्ष के संबंध में, जिससे रिपोर्ट संबंधित है, निम्नलिखित के बारे में कथन होगा –

(i) प्रत्येक लोक प्राधिकारी से किए गए आवेदनों की संख्या;

(ii) ऐसे विनिश्चयों की संख्या, जहां आवेदक आवेदनों के अनुसरण में दस्तावेजों तक पहुंच के लिए हकदार नहीं थे, इस अधिनियम के वे उपबंध जिनके अधीन ये विनिश्चिय किए गए थे और ऐसे समय की संख्या, जब ऐसे उपबंधों का अवलंब लिया गया था;

(iii) पुर्नविलोकन के लिए यथास्थिति, केंद्रीय लोक सूचना आयोग या राज्य सूचना आयोग को निर्दिष्ट की गई अपीलों की संख्या, अपीलों की प्रकृति और अपीलों के निष्कर्ष ;

(iv) इस अधिनियम के प्रशासन के संबंध में किसी अधिकारी के विरुद्ध की गई अनुशासनिक कार्रवाई की विशिष्टियां;

(v) इस अधिनियम के अधीन प्रत्येक लोक प्राधिकारी द्वारा एकत्रित की गई प्रभारों की रकम;

(vi) कोई ऐसे तथ्य, जो इस अधिनियम की भावना और आशय को प्रशासित एवं कार्यान्वित करने के लिए लोक प्राधिकारियों के किसी प्रयास को उपदर्शित करते हैं;

(vii) सुधार के लिए सिफारिशें, जिनके अंतर्गत इस अधिनियम या अन्य विधान या सामान्य विधि के विकास, समुन्नति आधुनिकीकरण, सुधार या संशोधन के लिए विशिष्ट लोक प्राधिकारियों के संबंध में सिफारिशें या सूचना तक पहुंच के अधिकार को प्रवर्तनशील बनाने से सुसंगत कोई अन्य विषय भी हैं।

(4) यथास्थिति, केंद्रीय सरकार या राज्य सरकार प्रत्येक वर्ष के अंत के पश्चात यथासाध्य शीघ्रता से उपधारा (1) में निर्दिष्ट यथास्थिति, केंद्रीय सूचना आयोग या राज्य सूचना आयोग की रिपोर्ट की एक प्रति संसद के प्रत्येक सदन के समक्ष या जहां राज्य विधान-मंडल के दो सदन हैं, वहां प्रत्येक सदन के समक्ष और जहां राज्य विधान-मंडल का एक सदन है वहां उस सदन के समक्ष रखवाएगी।

(5) यदि केंद्रीय सूचना आयोग या राज्य सूचना आयोग को ऐसा प्रतीत होता है कि इस अधिनियम के अधीन अपने कृत्यों का प्रयोग करने के संबंध में किसी लोक प्राधिकारी की पद्धति इस अधिनियम के उपबंधों या भावना के अनुरूप नहीं है तो वह प्राधिकारी को ऐसे उपाय विनिर्दिष्ट करते हुए, जो उसकी राय में ऐसी अनुरूपता को बढ़ाने के लिए किए जाने चाहिए, सिफारिश कर सकेगा।

कार्यक्रम तैयार करना

(1) केंद्रीय सरकार, वित्तीय और अन्य संसाधनों की उपलब्धता की सीमा तक -

(i) जनता की, विशेष रूप से अपेक्षित समुदायों की, इस बारे में समझ की वृद्धि करने के लिए कि इस अधिनियम के अधीन अनुध्यात अधिकारों का प्रयोग कैसे किया जाए, शैक्षिक कार्यक्रम बना सकेगी और आयोजित कर सकेगी;

(ii) लोक प्राधिकारियों को, खंड (क) में निर्दिष्ट कार्यक्रमों को बनाने तथा उनके आयोजन में भाग लेने और ऐसे कार्यक्रमों का स्वयं जिम्मा लेने के लिए प्रोत्साहित कर सकेगी;

(iii) लोक प्राधिकारियों द्वारा उनके क्रियाकलापों के बारे में सही जानकारी को समय से और प्रभावी रूप से प्रसारित किए जाने को बढ़ावा दे सकेगी;

(iv) लोक प्राधिकरणों के, यथास्थिति, केंद्रीय लोक सूचना अधिकारियों या राज्य सूचना अधिकारियों को प्रशिक्षित कर सकेगी और लोक प्राधिकरणों द्वारा स्वयं के उपयोग के लिए सुसंगत प्रशिक्षण सामग्रियों का उत्पादन कर सकेगी।

(2) समुचित सरकार इस अधिनियम के प्रारंभ से अठारह मास के भीतर, अपनी राजभाषा में सहज व्यापक रूप और रीति से ऐसी सूचना वाली एक मार्गदर्शिका संकलित करेगी, जिसकी ऐसे किसी व्यक्ति द्वारा युक्तियुक्त रूप

में अपेक्षा की जाए, जो अधिनियम में विनिर्दिष्ट किसी अधिकार का प्रयोग करना चाहता है।

(3) समुचित सरकार, यदि आवश्यक हो तो, उपधारा (2) में निर्दिष्ट मार्गदर्शी सिद्धांतों को नियमित अंतरालों पर अद्यतन और प्रकाशित करेगी, जिनमें विशिष्टतया और उपधारा (2) की व्यापकता पर प्रतिकूल प्रभाव डाले बिना निम्नलिखित सम्मिलित होगा –

(i) इस अधिनियम के उद्देश्य :

(ii) धारा 5 की उपधारा (1) के अधीन नियुक्त प्रत्येक लोक प्राधिकरण के, यथास्थिति, केंद्रीय लोक सूचना अधिकारी या राज्य लोक सूचना अधिकारी का डाक एवं गली का पता, फोन तथा फैक्स नंबर तथा यदि उपलब्ध हो तो उसका इलेक्ट्रानिक डाक पता :

(iii) वह रीति और प्रारूप जिसमें, यथास्थिति, किसी केंद्रीय लोक सूचना अधिकारी या राज्य लोक सूचना अधिकारी से किसी सूचना तक पहुंचने का अनुरोध किया जाएगा;

(iv) इस अधिनियम के अधीन लोक प्राधिकरण के, यथास्थिति, किसी केंद्रीय लोक सूचना अधिकारी या राज्य सूचना अधिकारी से उपलब्ध सहायता और उसके कर्तव्य;

(v) यथास्थिति, केंद्रीय सूचना आयोग या राज्य सूचना आयोग से उपलब्ध सहायता;

(vi) इस अधिनियम द्वारा प्रदत्त या अधिरोपित किसी अधिकार या कर्तव्य के संबंध में कोई कार्य करने या करने में असफल रहने के बारे में विधि में उपलब्ध सभी उपचार, जिनके अंतर्गत आयोग को अपील फाइल करने की रीति भी है;

(vii) धारा 4 के अनुसार अभिलेखों के प्रवर्गों के स्वैच्छिक प्रकटन के लिए उपबंध करने वाले उपबंध;

(viii) किसी सूचना तक पहुंच के लिए अनुरोधों के संबंध में संदत्त किए जाने वाले शुल्क से संबंधित सूचनाएं; और

(ix) इस अधिनियम के अनुसार किसी सूचना तक पहुंच प्राप्त करने के संबंध में बनाए गए या जारी किए गए कोई अतिरिक्त विनियम या परिपत्र;

(4) समुचित सरकार को, यदि आवश्यक हो, नियमित अंतरालों पर मार्गदर्शी सिद्धांतों को अद्यतन और प्रकाशित करना चाहिए।

नियम बनाने की शक्ति

(1) समुचित सरकार, इस अधिनियम के उपबंधों को कार्यान्वित करने के लिए राजपत्र में अधिसूचना, द्वारा, नियम बना सकेगी।

(2) विशिष्टतया और पूर्वगामी शक्ति की व्यापकता पर प्रतिकूल प्रभाव डाले बिना ऐसे नियम निम्नलिखित सभी या किसी विषय के लिए उपबंध कर सकेंगे, अर्थात :

(i) धारा 4 की उपधारा (4) के अधीन प्रसारित की जाने वाली सामग्रियों के माध्यम की लागत या प्रिंट लागत मूल्य;

(ii) धारा 6 की उपधारा (1) के अधीन संदेय फीस;

(iii) धारा 7 की उपधारा (1) और उपधारा (5) के अधीन संदेय फीस

(iv) धारा 13 की उपधारा (6) और धारा 16 की उपधारा (6) के अधीन अधिकारियों एवं अन्य कर्मचारियों को संदेय वेतन व भत्ते तथा उनकी सेवा निबंधन और शर्तें;

(v) धारा 19 की उपधारा (10) के अधीन अपीलों का विनिश्चय करते समय, यथास्थिति, केंद्रीय सूचना आयोग या राज्य सूचना आयोग द्वारा अपनाई जाने वाली प्रक्रिया;

(vi) कोई अन्य विषय, जो विहित किए जाने के लिए अपेक्षित हो या विहित किया जाए।

समक्ष प्राधिकारी के अधिकार

(1) सक्षम प्राधिकारी इस अधिनियम के उपबंधों को कार्यान्वित करने के लिए राजपत्र में अधिसूचना द्वारा नियम बना सकेगा।

(2) विशिष्टतया और पूर्वगामी शक्ति की व्यापकता पर प्रतिकूल प्रभाव डाले बिना ऐसे नियम निम्नलिखित सभी या किसी विषय के लिए उपबंध कर सकेंगे, अर्थात् :

(i) धारा 4 की उपधारा (4) के अधीन प्रसारित की जाने वाली सामग्रियों के माध्यम की लागत या प्रिंट लागत मूल्य;

(ii) धारा 6 की उपधारा (1) के अधीन संदेय शुल्क;

(iii) धारा 7 की उपधारा (1) के अधीन संदेय शुल्क; और

(iv) कोई अन्य विषय, जो विहित किए जाने के लिए अपेक्षित हो या विहित किया जाए।

नियमों का रखा जाना

29 (1) इस अधिनियम के अधीन केंद्रीय सरकार द्वारा बनाया गया प्रत्येक नियम बनाए जाने के पश्चात् यथाशीघ्र संसद के प्रत्येक सदन के समक्ष, जब वह ऐसी कुल तीस दिनों की अवधि के लिए सत्र में हो, जो एक सत्र में अथवा दो या अधिक आनुक्रमिक सत्रों में पूरी हो सकती है, रखा जाएगा और यदि उस सत्र के या पूर्वोक्त आनुक्रमिक सत्रों के ठीक बाद के सत्र के अवसान के पूर्व दोनों सदन उस नियम में कोई परिवर्तन करने के लिए सहमत हो जाएं या दोनों सदन इस बात से सहमत हो जाएं कि ऐसा नियम नहीं बनाया जाना चाहिए तो ऐसा नियम तत्पश्चात् यथास्थिति, केवल ऐसे उपांतरित रूप में ही प्रभावी होगा या उसका कोई प्रभाव नहीं होगा। तथापि, उस नियम के ऐसे उपांतरित या निष्प्रभाव होने से उसके अधीन पहले की गई किसी बात की विधि-मान्यता पर प्रतिकूल प्रभाव नहीं पड़ेगा।

(2) इस अधिनियम के अधीन किसी राज्य सरकार द्वारा बनाया गया प्रत्येक नियम अधिसूचित किए जाने के पश्चात् यथाशीघ्र राज्य विधान-मंडल के समक्ष रखा जाएगा।

मुश्किलों को दूर करने का अधिकार

30 (1) यदि इस अधिनियम के उपबंधों को प्रभावी करने में कोई मुश्किल उत्पन्न होती है तो केंद्रीय सरकार राजपत्र में प्रकाशित आदेश द्वारा ऐसे उपबंध बना सकेगी, जो इस अधिनियम के उपबंधों से असंगत न हों, जो उसे मुश्किलों को दूर करने के लिए आवश्यक और समीचीन प्रतीत होते हों:

परंतु कोई ऐसा आदेश इस अधिनियम के प्रारंभ से दो वर्ष की अवधि का समाप्ति के पश्चात् नहीं किया जाएगा।

(2) इस धारा के अधीन किया गया प्रत्येक आदेश, किए जाने के पश्चात् यथाशीघ्र संसद् के प्रत्येक सदन के समक्ष रखा जाएगा।

निरस्त करना

31. सूचना स्वातंत्र्य अधिनियम, 2002 इसके द्वारा निरस्त किया जाता है।

पहली अनुसूची

(धारा 13 (3) और धारा 16 (3) देखिए)

मुख्य सूचना आयुक्त, सूचना आयुक्त, राज्य मुख्य सूचना आयुक्त, राज्य सूचना आयुक्त द्वारा ली जाने वाली शपथ या किए जाने वाले प्रतिज्ञान का प्रारूप

''मैं जो..

मुख्य सूचना आयुक्त/सूचना आयुक्त/राज्य मुख्य सूचना आयुक्त/ राज्य सूचना आयुक्त नियुक्त हआ हूं, ईश्वर की शपथ लेता हूं/सत्यनिष्ठा से प्रतिज्ञान करता हूं कि मैं विधि द्वारा स्थापित भारत के संविधान के प्रति सच्ची श्रद्धा और निष्ठा रखूंगा, मैं भारत की प्रभुता और अखंडता अक्षुण्ण रखूंगा तथा मैं सम्यक् प्रकार से और श्रद्धापूर्वक तथा अपनी पूरी योग्यता, ज्ञान और विवेक से अपने पद के कर्तव्यों का भय या पक्षपात, अनुराग या द्वेष के बिना पालन करूंगा तथा मैं संविधान और विधियों की मर्यादा बनाए रखूंगा।''

दूसरी अनुसूची

(धारा 24 देखिए)

केंद्रीय द्वारा स्थापित आसूचना और सुरक्षा संगठन

1. आसूचना ब्यूरो
2. मंत्रिमंडल सचिवालय के अनुसंधान और विश्लेषण खंड
3. राजस्व आसूचना निदेशालय
4. केंद्रीय आर्थिक आसूचना ब्यूरो
5. प्रर्वतन निदेशालय
6. स्वापक नियंत्रण ब्यूरो
7. वैमानिक अनुसंधान केंद्र
8. विशेष सीमांत बल
9. सीमा सुरक्षा बल
10. केंद्रीय आरक्षित पुलिस बल
11. भारत-तिब्बत सीमा बल
12. केंद्रीय औद्योगिक सुरक्षा बल
13. राष्ट्रीय सुरक्षा गार्ड
14. असम राइफल्स
15. विशेष सेवा ब्यूरो
16. विशेष शाखा (सी.आई.डी.), अंदमान और निकोबार
17. अपराध शाखा-सी.आई.डी.-सी.बी., दादर और नगर हवेली
18. विशेष शाखा, लक्षद्वीप पुलिस
19. स्पेशल प्रोटेक्शन ग्रुप (एस.पी.जी.)*
20. रक्षा अनुसंधान एवं विकास बोर्ड (बी.आर.डी.बी)*
22. वित्तीय आसूचना एकक, भारत (अफ.आई.यू.)*

टी.के. विश्वनाथन
सचिव, भारत सरकार

*बाद में शामिल किए गए हैं।

परिशिष्ट - 1

राज्यों के प्रपत्र

अरुणाचल प्रदेश का प्रपत्र

(फॉर्म-'ए')

सूचना प्राप्ति हेतु आवेदन-प्रपत्र

(देखें नियम-3)

आइ.डी. क्रमांक....................
(केवल कार्यालय प्रयोग हेतु)

सेवा में,

सक्षम प्राधिकरण,

....

....

1. आवेदक का नाम : ....
2. पता : ....
3. सूचना का विवरण : ....

(क) संबंधित विभाग : ....

(ख) वांछित सूचना का विवरण : ....

(i) वांछित सूचना का विस्तृत विवरण : ....

(ii) अवधि जिसके लिए सूचना चाहिए : ....

(iii) अन्य विस्तृत विवरण : ....

4. मैं घोषित करता हूं कि वांछित सूचना अधिनियम की धारा 8 में दिए गए नियंत्रणों के अधीन नहीं आती है तथा मेरे संज्ञान में यह आपके कार्यालय से संबंधित है।

5. रु. ....का शुल्क सक्षम प्राधिकरण के कार्यालय में जमा करा दिया गया है, जिसका ट्रेज़री चालान नं. .... तिथि ... . है।

स्थान : ....

दिनांक : ....

आवेदक के हस्ताक्षर

ई-मेल, यदि कोई हो ....

दूरभाष (कार्यालय) ....

निवास ....

नोट : (1) प्रपत्र - 'ए' को भरने के लिए सक्षम प्राधिकरण द्वारा उचित सहायता उपलब्ध कराई जा सकती है।

(2) कृपया सुनिश्चित करें कि प्रपत्र- 'ए' हर तरह से पूर्ण है और वांछित सूचना के विस्तृत विवरण में कोई अस्पष्टता नहीं है।

दमन व दीव का प्रपत्र

मूल्य : रु. 25/–मात्र

(प्रपत्र–1'ए')

सूचना हेतु आवेदन
अंग्रेजी/हिंदी/श्रेत्रीय भाषा में भरा जाए

दिनांक : ....

सेवा में,

....
सार्वजनिक सूचना अधिकारी
कार्यालय : ....
विभाग : ....

दमन/दीव

(अ) आवेदक का विवरण :
नाम : ....
उम्र : ....
दूरभाष नं. सहित पता : ....
....
....

(ब) वांछित सूचना का विवरण :
(कृपया संबंधित विषय/फाइल/रिकॉर्ड इत्यादि का विवरण दें)

(i) अवधि जिससे सूचना संबंधित है (......................)
आवेदन की तिथि से पूर्व वर्ष।

(स) फार्म/फार्मेट, जिसमें सूचना चाहिए :
(i) फोटो कॉपी
(ii) फ्लॉपी, इत्यादि

(द) रिकार्डों का निरीक्षण :
(i) क्या आवेदन रिकॉर्ड के निरीक्षण से संबद्ध है? (हां/नहीं)
(ii) यदि हां, तो दिनों की संख्या जो आवेदक प्रासंगिक रिकॉर्ड देखने में लगा सकता है.........................।

आवेदक के हस्ताक्षर

केवल कार्यालय प्रयोग हेतु

आवेदन प्राप्त करने की तिथि : ....
सूचना उपलब्ध कराने की तिथि : ....
(...................) दिनों के भीतर

मूल्यांकन : रु. ....

हस्ताक्षर, सार्वजनिक सूचना
अधिकारी के नाम व पद सहित

पावती / रसीद

मैंने अपने आवेदन के अनुसार सूचना प्राप्त कर ली है और मैं इससे संतुष्ट हूं।

आवेदक के हस्ताक्षर
तिथि : ....

हरियाणा राज्य का प्रपत्र

1. आवेदक का पूरा नाम : ....
2. पता : ....
3. वांछित सूचना का विवरण : ....
   (i) सूचना की विषय वस्तु* : ....
   (ii) अवधि, जिससे सूचना संबद्ध है** : ....
   (iii) वांछित सूचना का विवरण*** : ....
   (iv) सूचना डाक द्वारा चाहिए अथवा व्यक्तिगत रूप से (निर्धारित शुल्क के अलावा डाक खर्च भी जोड़ा जाएगा।)
   (v) डाक से चाहिए तो (साधारण, रजिस्टर्ड या स्पीड पोस्ट)

स्थान : ....
दिनांक : ....

आवेदक के हस्ताक्षर

---

*विषय के व्यापक वर्ग का संकेत दें (यथा-अनुदान/सरकारी भूमि/सेवा विषय/लाइसेंस इत्यादि)

**प्रासंगिक अवधि का विवरण दें, जिसके लिए सूचना चाहिए।

***सूचना का विशिष्ट व विस्तृत विवरण देना अनिवार्य है।

प्राप्ति सूचना

आपका आवेदन दिनांक ...., डायरी क्रमांक .... के अनुसार, दिनांक .... को प्राप्त हुआ।

(हस्ताक्षर)
राज्य सार्वजनिक सूचना अधिकारी
राज्य सहायक सार्वजनिक सूचना अधिकारी
विभाग/ कार्यालय का नाम

हिमाचल प्रदेश का प्रपत्र

सूचना हेतु आवेदन
सूचना अधिकार अधिनियम 2005 के अधीन

सेवा में,

सार्वजनिक सूचना अधिकारी/सहायक सार्वजनिक सूचना अधिकारी
(विभाग का नाम, जिससे सूचना चाहिए)

(क) सूचना की विषय वस्तु

....

(ख) अवधि, जिससे सूचना संबद्ध है
माह व वर्ष

....

(ग) वांछित सूचना का विवरण

....

(घ) फाइल क्रमांक, यदि उपलब्ध हो

....

(ड़) क्या आवेदक को किसी प्रकार की छूट चाहिए, यथा-गरीबी रेखा के नीचे परिवार, यदि हां तो प्रमाण प्रस्तुत करें।

....

(च) डिमांड ड्राफ्ट या चालान नं. का विवरण
राशि तथा दिनांक

....

आवेदन

नाम : ....
पता : ....
दूरभाष नं. : ....

प्राप्ति सूचना

आपका आवेदन दिनांक .... डिमांड ड्राफ्ट/चालान नं. .. ..राशि रु. ....डायरी नं.............................. दिनांक ....के साथ प्राप्त हुआ।

(हस्ताक्षर)
सार्वजनिक सूचना अधिकारी
सहायक सार्वजनिक सूचना अधिकारी
विभाग/सार्वजनिक प्राधिकरण का नाम

कर्नाटक राज्य का प्रपत्र

प्रपत्र 'क' [धारा 6(1) तथा 7(1)]
सूचना अधिकार अधिनियम - 2005

1. आवेदक का पूरा नाम : ....
2. पता : ....
3. वांछित दस्तावेज/निरीक्षण/नमूनों का विवरण : ....
4. वर्ष जिससे सूचना संबद्ध है : ....
5. सार्वजनिक सूचना अधिकारी का पद व पता,
   जिससे सूचना चाहिए : ....

स्थान : ....
दिनांक : ....

आवेदक के हस्ताक्षर

पश्चिम बंगाल राज्य का प्रपत्र

प्रपत्र – 1

सूचना अधिकार अधिनियम – 2005 के
अधीन सूचना प्राप्ति हेतु आवेदन-प्रपत्र

आई.डी. क्रमांक...................
(केवल कार्यालय प्रयोग हेतु)

सेवा में,

सार्वजनिक सूचना अधिकारी,

....

....

1. आवेदक का नाम : ....
2. पता : ....
3. सूचना का विवरण : ....
   (क) संबंधित विभाग : ....
   (ख) वांछित सूचना का विवरण : ....
   (i) वांछित सूचना का विस्तृत विवरण : ....
   (ii) अवधि जिसके लिए सूचना चाहिए : ....
   (iii) अन्य विस्तृत विवरण : ....

4. रु. 10 (दस रुपए मात्र) का निर्धारित शुल्क रसीद नं .... दिनांक..............के अनुसार सार्वजनिक सूचना अधिकारी के कार्यालय में जमा कराया गया।

स्थान : ....

दिनांक : ....

आवेदक के हस्ताक्षर

ई-मेल, यदि कोई हो ....
दूरभाष (कार्यालय) ....
निवास ....

महाराष्ट्र राज्य का प्रपत्र

परिशिष्ट 'क'
(देखें नियम-3)

रु. 10/- का कोर्ट फी स्टैंप यहां लगाएं

सूचना का अधिकार अधिनियम - 2005 के अधीन सूचना प्राप्ति हेतु आवेदन-प्रपत्र

सेवा में,

सार्वजनिक सूचना अधिकारी
(कार्यालय का नाम व पता)

1. आवेदक का पूरा नाम : ....
2. पता : ....
3. वांछित सूचना का विवरण : ....
   (i) सूचना की विषय वस्तु* : ....
   (ii) अवधि, जिससे सूचना संबद्ध है** : ....
   (iii) वांछित सूचना का विवरण*** : ....
   (iv) सूचना डाक द्वारा चाहिए अथवा व्यक्तिगत रूप से (निर्धारित शुल्क के अलावा डाक खर्च भी जोड़ा जाएगा।)
   (v) यदि डाक से चाहिए तो (साधारण, रजिस्टर्ड या स्पीड पोस्ट)

4. क्या आवेदक गरीबी रेखा से नीचे है?
(यदि हां, तो उसका प्रमाण संलग्न करें)

स्थान : ....

दिनांक : ....

आवेदक के हस्ताक्षर

---

*विषय के व्यापक वर्ग का संकेत दें (यथा-अनुदान/सरकारी भूमि/सेवा विषय/लाइसेंस इत्यादि)

**प्रासंगिक अवधि का विवरण दें, जिसके लिए सूचना चाहिए।

***सूचना का विशिष्ट व विस्तृत विवरण देना अनिवार्य है।

उड़ीसा राज्य का प्रपत्र

प्रपत्र 'क'

देखें नियम 4 (1)

अधिनियम की धारा 6 (1) के अधीन आवेदन का प्रपत्र

सेवा में,

सार्वजनिक सूचना अधिकारी
(कार्यालय का नाम व पता)

1. आवेदक का पूरा नाम : ....
2. पिता/पति का नाम : ....
3. स्थायी पता : ....
4. आवेदक की पहचान के संदर्भ में विवरण : ....
5. वांछित सूचना का विवरण : ....
   (क) सूचना की विषय वस्तु : ....
   (ख) अवधि, जिससे सूचना संबंध है : ....
   (ग) वांछित सूचना का विशिष्ट विवरण : ....
   (घ) सूचना डाक द्वारा चाहिए अथवा व्यक्तिगत रूप से
   (निर्धारित शुल्क के अलावा डाक खर्च भी जोड़ा जाएगा।)
   (ङ) डाक से चाहिए तो (साधारण, रजिस्टर्ड या स्पीड पोस्ट)
6. पता जिस पर सूचना भेजी जाएगी व किस रूप में : ....
7. क्या सूचना पहले भी उपलब्ध कराई गई है? हां/नहीं
8. क्या यह सूचना सार्वजनिक प्राधिकरण द्वारा उपलब्ध नहीं कराई गई है? : ....

9. क्या आप अनिवार्य शुल्क चुकाने को तत्पर हैं? हां/नहीं

10. क्या आपने आवेदन शुल्क जमा करा दिया है? हां/नहीं

11. क्या आप बी.पी.एल वर्ग से संबद्ध हैं? (क्या आपने उसका प्रमाण संलग्न किया है।)

....

स्थान : ....

दिनांक : ....

आवेदक के पूरे हस्ताक्षर

पता : ....

सार्वजनिक सूचना अधिकारी का कार्यालय

श्री .... से आवेदन प्राप्त किया पता .... के विषय में सूचना प्राप्ति हेतु।

स्थान : .... सार्वजनिक सूचना अधिकारी का पूरा नाम

दिनांक : .... पद

मुहर : ....

पंजाब राज्य का प्रपत्र

प्रपत्र 'क'
[देखें नियम 3(1)]
अधिनियम की धारा 6 (1) के अधीन सूचना प्राप्ति हेतु आवेदन

सेवा में,

राज्य सार्वजनिक सूचना अधिकारी
विभाग ....

1. आवेदक का पूरा नाम : ....
2. पिता/पति का नाम : ....
3. स्थायी पता : ....
4. पत्र व्यवहार हेतु पता : ....
5. वांछित सूचना का विवरण : ....
   (क) सूचना की विषय वस्तु : ....
   (ख) अवधि, जिससे सूचना संबद्ध है : ....
   (ग) वांछित सूचना का विस्तृत विवरण : ....
   (घ) सूचना डाक द्वारा चाहिए अथवा व्यक्तिगत रूप से (डाक खर्च सूचना उपलब्ध कराने में अलग से लिया जाएगा।)
   (ङ) डाक से चाहिए तो (साधारण, रजिस्टर्ड या स्पीड पोस्ट)
6. क्या यह सूचना सार्वजनिक प्राधिकरण द्वारा उपलब्ध नहीं कराई गई है? : ....

7. क्या आप अनिवार्य शुल्क चुकाने के इच्छुक हैं?

....

8. क्या आपने आवेदन शुल्क जमा करा दिया है?
(यदि हां, तो उसका विवरण)

....

9. क्या आप गरीबी रेखा से नीचे हैं ?
(यदि हां तो क्या आपने आवेदन के साथ उसका प्रमाण संलग्न किया है ?)

....

स्थान : ....

दिनांक : ....

आवेदक के पूर्ण हस्ताक्षर व पता

सिक्किम राज्य का प्रपत्र

प्रपत्र 'क'
सूचना प्राप्ति हेतु आवेदन प्रपत्र
[देखें नियम 5 (1)]

आइ.डी. क्रमांक ....
(केवल कार्यालय प्रयोग हेतु)

सेवा में,

राज्य सार्वजनिक सूचना अधिकारी
....
....

1. आवेदक का पूरा नाम : ....
2. पिता का नाम : ....
3. स्थायी पता : ....
4. अस्थायी पता : ....
5. क्या आवेदक भारत का नागरिक है?
(कृपया सिक्किम की दीवानी अदालत से जारी प्रमाणित प्रति, पहचान प्रमाण-पत्र, मतदाता पहचान-पत्र अथवा पासपोर्ट की प्रमाणित प्रति संलग्न करें।)
....
6. क्या किसी एन.जी.ओ. सामाजिक संगठन, एसोसिएशन, राजनीतिक संगठन, इत्यादि से संबद्ध हैं? यदि हां, तो एन.जी.ओ, संगठन,

एसोसिएशन, राजनीतिक संगठन का विवरण दें।

....

7. संबंधित विभाग : ....

सूचना का विवरण : ....

(क) वांछित सूचना का विस्तृत विवरण (कृपया विशिष्ट विवरण दें) ......

(ख) अवधि, जिससे सूचना संबद्ध है ....

(ग) भौगोलिक क्षेत्र जिससे सूचना संबद्ध है (विशिष्ट विवरण सहित)

(घ) अन्य विवरण ....

8. मैं वचन देता हूं कि वांछित सूचना अधिनियम की धारा 6 में वर्णित नियंत्रणों के दायरे में नहीं आती है और मेरे संज्ञान में यह आपके कार्यालय से संबद्ध है।

9. रु. .... का शुल्क सक्षम प्राधिकरण के कार्यालय में चालान नं. .... दिनांक .... के अनुसार जमा करा दिया गया है।

स्थान : ....

दिनांक : ....

आवेदक के हस्ताक्षर

दूरभाष (कार्यालय) : ....

(निवास) ....

नोट : (1) कृपया सुनिश्चित करें कि प्रपत्र 'क' हर तरह से पूर्ण है और वांछित सूचना का विवरण उपलब्ध कराने में कोई अस्पष्टता नहीं है।

पॉण्डीचेरी राज्य का प्रपत्र

प्रपत्र - 1

सूचना का अधिकार अधिनियम - 2005 के अधीन सूचना प्राप्ति हेतु आवेदन-प्रपत्र

आइ.डी. क्रमांक....................
(केवल कार्यालय प्रयोग हेतु)

सेवा में,

सार्वजनिक सूचना अधिकारी,

....

....

1. आवेदक का नाम : ....
2. पता : ....
3. सूचना का विवरण : ....

    (क) संबंधित विभाग : ....

    (ख) वांछित सूचना का विवरण : ....

    (1) वांछित सूचना का विस्तृत विवरण : ....

    (2) अवधि जिसके लिए सूचना चाहिए : ....

    (3) अन्य विवरण : ....

4. रु. 10 (दस रुपए मात्र) का निर्धारित शुल्क रसीद नं ....दिनांक...............के अनुसार सार्वजनिक सूचना अधिकारी के कार्यालय में जमा कराया गया।

स्थान : ....

दिनांक : ....

आवेदक के हस्ताक्षर

ई-मेल, यदि कोई हो ....
दूरभाष (कार्यालय) ....
निवास ....

नोट : (1) प्रपत्र-1 को भरने में सार्वजनिक सूचना अधिकारी द्वारा उचित सहायता उपलब्ध कराई जाएगी।

मिजोरम राज्य का प्रपत्र

प्रपत्र "क"

[देखें नियम 4 (1)]

अधिनियम की धारा 6 (1) के अधीन आवेदन का प्रपत्र

सेवा में,

सार्वजनिक सूचना अधिकारी
(कार्यालय का नाम व पता)

1. आवेदक का पूरा नाम : ....
2. पिता/पति का नाम : ....
3. स्थायी पता व दूरभाष नं. : ....
4. आवेदक की पहचान के संदर्भ में विवरण : ....
5. वांछित सूचना का विवरण : ....
   (क) सूचना की विषय वस्तु : ....
   (ख) अवधि, जिससे सूचना संबद्ध है : ....
   (ग) वांछित सूचना का विशेष विवरण : ....
   (घ) सूचना डाक द्वारा चाहिए अथवा व्यक्तिगत रूप से
   (निर्धारित शुल्क के अलावा डाक खर्च भी जोड़ा जाएगा।)
   (ङ) डाक से चाहिए तो (साधारण, रजिस्टर्ड या स्पीड पोस्ट)
6. पता जिस पर सूचना भेजी जाएगी व किस रूप में : ....
7. क्या सूचना पहले भी उपलब्ध कराई गई है? हां/नहीं
8. क्या यह सूचना सार्वजनिक प्राधिकरण द्वारा उपलब्ध नहीं कराई गई है? : ....

9. क्या आप अनिवार्य शुल्क चुकाने को तत्पर हैं? हां/नहीं
10. क्या आपने आवेदन शुल्क जमा करा दिया है? हां/नहीं
11. क्या आप बी.पी.एल वर्ग से संबद्ध हैं? (क्या आपने उसका प्रमाण संलग्न किया है।)

....

स्थान : ....
दिनांक : ....

आवेदक के पूरे हस्ताक्षर

पता : ....

सम्पर्क नं. : ....

सार्वजनिक सूचना अधिकारी का कार्यालय

रसीद नं. ....

श्री .... से आवेदन प्राप्त किया।
पता ....
वांछित सूचना ....

राज्य सार्वजनिक सूचना अधिकारी/राज्य सहायक सूचना अधिकारी का पूरा नाम

पद : ....

मुहर : ....

परिशिष्ट 2

राज्यों के मुख्य सूचना आयुक्तों की सूची

राज्य	नाम	पता
आंध्र प्रदेश	श्री सी.डी. आरा	आं.प्र. सचिवालय, हैदराबाद-500022
असम	श्री आर.एस. मूशाहरी	जनता भवन, दिसपुर, गुवाहाटी-781006
बिहार	न्यायमूति श्री शशांक कुमार सिंह	चतुर्थ तल, सूचना भवन बेली रोड, पटना-800021
छत्तीसगढ़	श्री ए.के. विजयवर्गीय	निर्मल छाया भवन, मीरा दातार मार्ग, शंकर नगर, रायपुर - 492001
गोवा	श्री ए. वेंकटरत्नम	श्रम शक्ति भवन, ग्राउंड फ्लोर, पिट्टो, पणजी, गोवा - 403401
गुजरात	श्री आर.एन.दास	पहली मंजिल, आर्थिक व सांख्यिकी ब्यूरो भवन सेक्टर - 18, गांधीनगर - 382018

हरियाणा	श्री जी. माधवन	मुख्य सूचना आयुक्त राज्य सूचना आयोग हरियाणा, एस.सी.ओ. नं. 70-71, मध्य मार्ग, चंडीगढ़
हिमाचल प्रदेश	श्री आर.एस. राणा	कमरा नं. 222, आर्म्सडेल बिल्डिंग, हिमाचल सचिवालय, शिमला-171002
कर्नाटक	श्री के.के. मिश्र	तीसरी मंजिल, तीसरी स्टेज, मल्टीस्टोरीड बिल्डिंग, डॉ., अंबेडकर मार्ग, बंगलौर - 560001 दूरभाष- 080-22371191
केरल	श्री पलट्ट मोहनदास	सचिव, केरल राज्य सूचना आयोग, पुन्नेन रोड, तिरुअनंतपुरम - 695039
मध्यप्रदेश	श्री टी.एन. श्रीवास्तव	निर्वाचन भवन, द्वितीय तल, 58, अरेरा हिल्स, भोपाल - 462011
महाराष्ट्र	श्री सुरेश विनायकराव जोशी	15वीं मंजिल, नव प्रशासनिक भवन, मैडम कामा रोड, मंत्रालय के सामने, मुंबई - 462032
मेघालय	श्री जी.पी. वाह्लांग	मेघालय सचिवालय, कमरा नं. 226, शिलांग - 793001

नागालैंड	श्री पी. तालितेमजेन आओ	पोस्ट बॉक्स - 148, कोहिमा - 787001 नागालैंड
उड़ीसा	श्री धीरेंद्रनाथ पाधी	उड़ीसा सूचना आयोग, राज्य अतिथि गृह एनेक्सी, कमरा नं. 44, यूनिट -5, भुवनेश्वर - 751001
पंजाब	श्री राजन कश्यप	राज्य सूचना आयोग, पंजाब, एस.सी.ओ. नं. 84-85, सेक्टर - 17-सी, चंडीगढ़
सिक्किम	श्री डी.के. गजमेर	लोवर सचिवालय, सुपर मार्केट के सामने गंगटोक - 737101
तमिलनाडु	श्री एस. रामकृष्णन	कामधेनु कोऑपरेटिव सुपर मार्केट बिल्डिंग, पहली मंजिल, तेयमपेट (वनविल के निकट), पुराना नं. 273, नया नं. 378, अन्नासलाई, चेन्नई-600018 (पोस्ट बॉक्स नं. 6405, तेयनमपेट, चेन्नई)
त्रिपुरा	श्री बी.के. चक्रवर्ती	सिविल सचिवालय, अगरतला, पश्चिमी त्रिपुरा - 799001

उत्तराखंड	श्री आर.एस. तोलिया	4, सुभाष मार्ग, चौथी मंजिल, देहरादून - 248001
उत्तर प्रदेश	न्यायमूर्ति श्री मोहम्मद असगर खान	छठी मंजिल, इंदिरा भवन लखनऊ-226001
पश्चिम बंगाल	श्री अरुण भट्टाचार्य	पश्चिम बंगाल सूचना आयोग, दूसरी मंजिल, भवानी भवन, अलीपोर, कोलकाता - 700027